Grundschulkinder entspannen mit Autogenem Training

Praxiserprobte Übungen und Geschichten

Susanne Schaadt

Verlag an der Ruhr

Impressum

Titel
Grundschulkinder entspannen mit Autogenem Training
Praxiserprobte Übungen und Geschichten

Autorin
Susanne Schaadt

Titelbildmotiv, Motive Rahmenlayout
Männchen: © bullet_chained – Fotolia.com,
Stoff: © Ellen Beijers – Fotolia.com, Tafel: © erikdegraaf – Fotolia.com

Illustrationen
Susanne Schaadt

Satz und Layout
ebene N, Mülheim an der Ruhr

Verlag an der Ruhr
Mülheim an der Ruhr
www.verlagruhr.de

Geeignet für Kinder von 6–10 Jahren

Unser Beitrag zum Umweltschutz:
Wir sind seit 2008 ein ÖKOPROFIT®-Betrieb und setzen uns damit aktiv für den Umweltschutz ein. Das ÖKOPROFIT®-Projekt unterstützt Betriebe dabei, die Umwelt durch nachhaltiges Wirtschaften zu entlasten. Unsere Produkte sind grundsätzlich auf chlorfrei gebleichtes und nach Umweltschutzstandards zertifiziertes Papier gedruckt.

ISBN 978-3-8346-3574-7

Printed in Germany

Inhaltsverzeichnis

Vorwort

Mit dem Buch „Grundschulkinder entspannen mit Autogenem Training" halten Sie ein komplettes und praxisbewährtes Entspannungsprogramm für Kinder in Ihren Händen.

Als zertifizierte und von den Krankenkassen zugelassene Lehrerin für Autogenes Training konnte ich in zahlreichen Kursen über 400 Grundschulkindern diese effektive Entspannungsmethode beibringen.

Auf Grundlage meines reichen Erfahrungsschatzes habe ich für Sie eine Unterrichtseinheit entwickelt, mit der Sie die Grundform des Autogenen Trainings Ihren Schülern* **innerhalb von sechs Wochen mit nur einer Stunde pro Woche** erfolgreich vermitteln können. Detaillierte, klar strukturierte und exakte Stundenplanungen führen Sie Schritt für Schritt durch den Kurs. Der praxiserprobte Kursablauf und zahlreiche Zusatzmaterialien machen es Ihnen leicht, die Schüler wirkungsvoll in der Technik des Autogenen Trainings anzuleiten – auch wenn Sie selbst das Autogene Training nicht aus eigener Erfahrung kennen.

Neben den sechs Basis-Stunden finden Sie vier Ergänzungs-Stunden, mit denen Sie den Kurs auf insgesamt zehn Wochen erweitern können.

Das Autogene Training ist eine **wissenschaftlich anerkannte und weltweit praktizierte Form der Selbstentspannung**. Durch formelhafte Auto-Suggestionen lernen Körper und Geist, sich zu entspannen. Die regelmäßige Anwendung des Autogenen Trainings **führt zu innerer Ruhe und einer ausgeglichenen Balance zwischen Anspannung und Entspannung**. Außerdem verbessert es die **Körperwahrnehmung** und **Konzentrationsfähigkeit**.

Wie oft stehen wir einer Flut von neuen Eindrücken und Reizen gegenüber. Da fällt es nicht immer leicht, Zeit für Entspannung und das „Sich-auf-sich-selbst-Besinnen" zu finden. Das Erleben von innerer Ruhe und körperlicher wie auch geistiger Entspannung sind Grundvoraussetzungen, um neue Kräfte sammeln und die Anforderungen des Alltags meistern zu können.

Gerade Kinder lernen jeden Tag eine Menge neuer Dinge und machen viele neue Erfahrungen. Zur **Verarbeitung und Verankerung des Gelernten** braucht das Gehirn Zeit, Ruhe und Entspannung. Hier bietet das Autogene Training eine wunderbar wirksame Hilfe und Unterstützung. Kinder können aufgrund ihres ausgeprägten Vorstellungsvermögens und ihrer Fantasie durch Geschichten, in die die Formeln des Autogenen Trainings eingebaut sind, diese Entspannungstechnik schnell und einfach lernen. Die **Entspannungssätze**, die für die Kinder **„Zaubersprüche"** genannt werden, fördern neben der Entspannung und Konzentration die **Selbstsicherheit** und **Selbstakzeptanz** des Kindes. Schulstress, Leistungsdruck und Schulangst können abgebaut bzw. verhindert werden.

Erfahrungsgemäß können Sie schon nach kurzer Zeit eine positive Veränderung Ihrer Schüler und des Klassen-Klimas feststellen.

Ganz nebenbei werden Sie bei der Durchführung des Programms automatisch selbst die wohltuende und entspannende Wirkung des Autogenen Trainings erfahren.

Freuen Sie sich auf entspannte und konzentrierte Schüler sowie einen stressreduzierten Schulalltag für alle. Alles, was Sie für die Durchführung des Kurses brauchen, finden Sie in diesem Buch. Starten Sie einfach durch!

Viel Spaß, Entspannung und Erfolg wünscht Ihnen
Susanne Schaadt

---

* Aus Gründen der besseren Lesbarkeit haben wir in diesem Buch durchgehend die männliche Form verwendet. Natürlich sind damit auch immer Frauen und Mädchen gemeint, also Lehrerinnen, Schülerinnen etc.

Hinweise zur Durchführung

Was ist „Autogenes Training"?

Das Autogene Training ist eine wissenschaftlich anerkannte und bewährte **Selbst-Entspannungsmethode basierend auf Autosuggestion**.
Sie wurde um 1920 von dem Berliner Arzt **J.H. Schultz** entwickelt. Mit Erscheinen seines Buches „Das Autogene Training" 1932 wurde es einer breiten Öffentlichkeit zugänglich gemacht. Seither wird Autogenes Training mit großem Erfolg auf der ganzen Welt praktiziert.
Während seiner Arbeit als Psychiater entdeckte J.H. Schultz, dass Menschen mithilfe ihrer Vorstellungskraft ihren Körper so beeinflussen können, dass sie sowohl körperlich als auch geistig einen Zustand tiefer Entspannung erreichen.
Der Begriff „Autogenes Training" setzt sich zusammen aus „auto", griechisch für „selbst", und „gen", abgeleitet von dem lateinischen Wort „genere" für „hervorbringen". Mit dem Begriff „Autogenes Training" ist eine „aus sich selbst hervorgebrachte Entspannung" gemeint. J.H. Schultz selbst nannte das „Autogene Training" auch „konzentrative Selbstentspannung".
Das Wort „Training" weist darauf hin, dass diese Entspannungsmethode eingeübt werden muss. Dabei ist die Regelmäßigkeit und Häufigkeit des Übens ausschlaggebend für den Lernerfolg und das Wirken dieser Entspannungstechnik.
Das Autogene Training lernt man am besten durch einen Trainer oder Lehrer. So ist gewährleistet, dass die Übungen im richtigen Wortlaut und in der richtigen Reihenfolge durchgeführt werden. Beherrscht der Übende dann das Verfahren, kann er das Autogene Training jederzeit und überall allein, ohne äußere Beeinflussung praktizieren.
Der Begriff „Autogenes Training" wird allgemein und im Folgenden mit AT abgekürzt.

Wie funktioniert AT?

Während des AT wiederholt der Übende im Geist, sozusagen mit einer inneren Stimme, **kurze, suggestive** Formeln. Mit deren Hilfe stellt er sich Schwere, Wärme, einen ruhigen Atem, einen warmen Bauch und eine kühle Stirn vor. Der Körper folgt den Vorstellungen und setzt sie in die Realität um. Die Formel „Meine Arme und meine Beine sind ganz schwer" führt z.B. dazu, dass sich in den Armen und Beinen ein Schweregefühl ausbreitet, verbunden mit einer Entspannung der Muskeln. Insgesamt kommt es während des AT zu einer **Lockerung der Muskeln**, einem **ruhigen Atem- und Herzrhythmus** und einer **verbesserten Durchblutung**. Der Körper reagiert mit Entspannung. Dieser entspannte Körperzustand wirkt daraufhin spannungslösend in der Psyche und führt den Geist zu innerer Ruhe und Ausgeglichenheit. So wie ein angespannter Geist im Körper Spannungen hervorruft, wirkt ein entspannter Körper ausgleichend auf die Psyche. Ein Wohlgefühl von tiefer Ruhe und Zufriedenheit stellt sich ein. Durch das regelmäßige Üben, möglichst 2–3-mal täglich über einen längeren Zeitraum, werden die Entspannungsreaktionen konditioniert und können immer schneller und effektiver abgerufen werden.

Die Formeln des AT

Die klassische Grundstufe des AT, auf deren Basis dieser 6-Wochen-Kurs aufgebaut ist, setzt sich aus den folgenden Übungen und Formeln zusammen:

1. Schwere-Übung:
   „Meine Arme und Beine sind ganz schwer."
2. Wärme-Übung:
   „Meine Arme und Beine sind ganz warm."
3. Herz-Übung:
   „Mein Herz schlägt ruhig und regelmäßig."
4. Atem-Übung:
   „Mein Atem geht ruhig und gleichmäßig."
5. Bauch-Übung:
   „Mein Bauch ist strömend warm."
6. Stirn-Übung:
   „Meine Stirn ist angenehm kühl."

Hinweise zur Durchführung

Da manchen Kindern die Herzübung unangenehm sein kann, habe ich sie ersetzt durch eine speziell auf Kinder ausgerichtete Ruheübung und diese an den Anfang gestellt.
Während des Kurses arbeiten Sie deshalb mit folgenden Übungen und Suggestionsformeln:

1 **Ruhe-Übung:**
„Geräusche und Gedanken sind hinter den Schranken. Ich bin ganz ruhig und entspannt."

2 **Schwere-Übung:**
„Meine Arme und Beine sind ganz schwer."

3 **Wärme-Übung:**
„Meine Arme und Beine sind ganz warm."

4 **Atem-Übung:**
„Mein Atem geht ruhig und gleichmäßig."

5 **Bauch-Übung:**
„Mein Bauch ist ganz warm, strömend warm."

6 **Stirn-Übung:**
„Meine Stirn ist angenehm kühl."

Diese **sechs aufeinander folgenden Übungen** werden nacheinander über einen Zeitraum von sechs Wochen **mit einer Stunde wöchentlich** eingeübt. Beginnend mit der ersten Übung kommt jede Woche eine neue Übung dazu.

Wichtig: Die Suggestionsformeln müssen immer den gleichen Wortlaut haben und in der angegebenen Reihenfolge eingeübt und angewendet werden. Für die Kinder heißen die Formeln „Zaubersprüche".

Neben den reinen Formeln werden im Kurs zusätzlich kindgerechte **Geschichten** benutzt, in die die Formeln des AT eingebaut sind. Die Geschichten regen die bildhafte Fantasie an und verankern die AT-Formeln noch tiefer.

Warum AT in der Grundschule?

Für eine gesunde Entwicklung und erfolgreiches Lernen benötigt jedes Kind viele unterschiedliche Fähigkeiten. Dazu gehören u. a. eine gute Körperwahrnehmung, die Fähigkeiten, sich auf etwas konzentrieren und das Wichtige vom Unwichtigen unterscheiden zu können, sowie, Gefühle bei sich und anderen wahrnehmen und einordnen zu können.
Eine Grundvoraussetzung für eine gesunde Entwicklung ist die **ausgewogene Balance zwischen Anspannung und Entspannung**, sowohl auf den Körper als auch auf die Psyche bezogen. Nur wer entspannt, kann auch wieder anspannen. In der Ruhe liegt die Kraft und in der Ruhe werden neue Kräfte gesammelt. Abschalten, Still-Werden und die „Seele baumeln lassen" – das ist ganz wichtig. Dies gilt für Kinder ebenso wie für Erwachsene.
Doch wie und wo lernt man Entspannung?
Aus den unterschiedlichsten Gründen finden wir in Familie und Freizeit nicht immer genug Raum und Zeit für regelmäßige Ruhe und Entspannung. Auch haben manche Eltern im Alltagsstress schon vergessen, wie man sich richtig entspannt, und können ihren Kindern dies nicht vorleben, so gern sie dies sicherlich tun würden.
Ein Ungleichgewicht zwischen Anspannung und Entspannung kann bei Kindern eine Ursache für psychosomatische Probleme, wie z. B. Kopf- und Bauchschmerzen, Schlafstörungen, Bettnässen sowie Verhaltensauffälligkeiten, wie z. B. Ängste, Nervosität, Konzentrationsprobleme, Lernschwierigkeiten, Unruhe bis hin zu Aggressionen, sein.
Hier kann das AT helfen. Für Kinder bietet dieses Entspannungsverfahren eine sehr gute und wirkungsvolle Möglichkeit, wieder ins Gleichgewicht zu kommen. Sie erhalten ein Selbsthilfe-Werkzeug, mit dem sie ruhiger und entspannter werden können. Im AT lernen die Kinder, ihren Körper und ihre Gefühle besser wahrzunehmen, und **entwickeln ein sicheres Gespür für Anspannung und Entspannung**. Dieses Gespür versetzt sie in die Lage, wohltuende Situationen von stressigen, belastenden Situationen zu unterscheiden und zu merken, wann es einfach „zu viel" ist. Die bewusste Wahrnehmung ihres Körpers und seiner Reaktionen sowie ihrer Gefühle schult bei den Kindern gleichzeitig das **Verständnis für die Gefühle und Reaktionen ihrer Mitmenschen**.

Hinweise zur Durchführung

Auch Lern- und Denkblockaden können durch das AT gelöst werden. Durch regelmäßiges Üben und Anwenden des AT werden zudem **Konzentrationsfähigkeit** und **Ausdauer** gesteigert. Die Schüler können dann auch „stressige" Situationen, wie z. B. Klassenarbeiten und Prüfungen, leichter und gelassener meistern.
Selbstverständlich ist das Erlernen des AT auch bei Kindern, die keine verhaltensauffälligen oder psychosomatischen Symptome zeigen, u. a. als Prophylaxe, nützlich und wichtig.
So ist es äußerst sinnvoll, das AT Kindern schon in der Grundschule zu vermitteln und in den Schulalltag zu integrieren. Es trägt einen wichtigen Teil zu körperlicher und psychischer Gesundheit bei. Von der im AT erfolgreich gelernten Fähigkeit, sich gezielt zu entspannen bzw. zu konzentrieren, profitieren die Kinder in allen Bereichen und Fächern – und dies auf Jahre hinaus. Auch Sie als Lehrende werden die positiven Veränderungen bei den einzelnen Kindern und in der Klasse als wohltuend empfinden. Aufmerksamere Schüler, eine ruhigere Atmosphäre und weniger Konflikte machen das Unterrichten und den Schulalltag leichter.

Für wen ist AT geeignet?

Das AT kann bereits bei Kindern ab 6 Jahren angewandt werden. Da Kinder eine sehr gute Vorstellungskraft haben, lernen sie das AT mit seinen Suggestionen schnell und einfach. Die Teilnahme am AT läuft immer auf freiwilliger Basis. Aber wer sich für den Kurs entschieden hat, sollte dabei bleiben, auch wenn er mal keine Lust dazu hat.

Für wen ist AT nicht geeignet?

Meiner Erfahrung nach ist das AT in der Gruppe nicht geeignet für **hyperaktive und schwer verhaltensauffällige Kinder**. In beiden Fällen können sich die Kinder in der Regel meist nicht auf das AT und die damit verbundene körperliche Ruhestellung einlassen. Die Entspannungsarbeit mit hyperaktiven und schwer verhaltensauffälligen Kindern gehört in die Hände von speziell dafür ausgebildeten Fachkräften.
Vorsicht geboten ist außerdem **bei Kindern mit körperlichen Erkrankungen**, wie z. B. Diabetes, Herz-Kreislauferkrankungen, Asthma, Epilepsie oder schweren psychischen Erkrankungen.

Wichtig: Generell sollten Sie sich vor Beginn des AT immer für alle Kinder die schriftliche Erlaubnis der Eltern holen und nach evtl. Gegenanzeigen fragen. In unklaren Fällen muss der Rat eines Arztes eingeholt werden.
Die Kopiervorlage einer Teilnahme-Erlaubnis finden Sie auf Seite 12.

AT in der Gruppe oder einzeln?

Das AT kann sowohl in der Gruppe als auch einzeln unterrichtet werden. Für Schüler eignet sich die Gruppe am besten. Die Gruppengröße ist abhängig von der Klassenzusammensetzung. Haben Sie eine ruhige **Klasse ohne hyperaktive oder schwer auffällige Schüler**, können Sie versuchen, das AT im **Klassenverband** durchzuführen.
Erfahrungsgemäß liegt die **ideale Gruppengröße bei 10–14 Kindern**. So haben Sie jedes Kind während des AT im Auge, um auf evtl. auftretende Probleme und unerwünschte Reaktionen, wie Unruhe, übermäßiges Nesteln, Kichern, Spielen und Stören, direkt reagieren zu können. Bei größeren Gruppen besteht zudem die Gefahr, dass die Kinder sich untereinander zu sehr ablenken und stören.

Hinweise zur Durchführung

AT im Liegen

Das AT kann sowohl im Liegen als auch im Sitzen geübt werden. Für die wöchentlichen Entspannungsstunden des Kurses ist das **Liegen immer zu bevorzugen**.
Dazu werden **Isomatten** auf dem Boden ausgebreitet. Achten Sie dabei auf **ausreichend Platz zwischen den Matten**, damit jedes Kind seine „Privatsphäre" hat.
Die Matten können im Kreis, in Reihen oder im Rechteck angeordnet werden. Um Ablenkungen und Störungen zu vermeiden, hat es sich bewährt, die Kinder so auf den Matten zu platzieren, dass sie mit ihren Köpfen möglichst weit auseinander liegen. Im Kreis zeigen die Füße zur Mitte. Liegen die Kinder in zwei Reihen, zeigen die Füße zueinander und die Köpfe liegen außen. In einer rechteckigen Anordnung liegen die Kinder mit dem Kopf nach außen und den Füßen nach innen.
Zum AT legen sich die Kinder mit dem Rücken auf die Matte und decken sich mit einer leichten **Decke** zu. Der Kopf ruht auf einem kleinen **Kissen**. Die Beine sind ausgestreckt und liegen in etwa schulterbreitem Abstand voneinander. Die Füße fallen nach außen. Die Arme liegen entspannt mit einem kleinen Abstand neben dem Körper. Die Handflächen können nach oben oder unten zeigen. Sollte ein Kind diese Position unbequem finden, darf es sich anders hinlegen. Wichtig ist, dass alle Kinder in der von ihnen gewählten Position während des AT liegenbleiben. Mehrfaches Wechseln bringt Unruhe und stört die Gruppe. Ganz abgesehen davon kommt das Kind durch seine ständige Bewegung nicht in eine entspannte, konzentrative Haltung. Dreht sich ein Kind trotz allem während der Übung mehrfach oder wird unruhig, genügt es oftmals, leise den Namen zu nennen oder es kurz am Arm zu berühren.
Erfahrungsgemäß finden Kinder schnell ihre bevorzugte Liegeposition und behalten diese während der Übungen bei.

AT im Sitzen

Das AT kann im Sitzen am Tisch oder im Stuhlkreis durchgeführt werden.
Am Tisch sitzend legen die Schüler ihre Arme auf den Tisch und den Kopf in die Arme.
Beim Üben im Stuhlkreis setzen die Schüler sich auf die vordere Hälfte des Stuhles, der Rücken ist nicht angelehnt. Die Kinder stellen die Füße hüftbreit auseinander fest auf den Boden und legen die Unterarme auf die Oberschenkel. Die Hände fallen locker zwischen die Beine. Dann atmen die Kinder tief ein und lassen beim Ausatmen den Oberkörper zusammensacken, bis sie deutlich einen Widerstand in der Wirbelsäule spüren. Der Kopf sinkt anschließend auf die Brust. Diese Haltung nennt man **Droschkenkutscher-Haltung**, weil die Kutscher früher so stundenlang entspannt auf ihrem Kutschbock sitzend auf den nächsten Fahrgast warteten.

Hinweise zur Durchführung

Wann wird das AT durchgeführt?

Das AT kann **zu jeder Tageszeit** durchgeführt werden. Am Morgen, vor Unterrichtsbeginn, ist es ein schöner Start in den Schulalltag und fördert das „Ankommen“ in der Schule.
Während des Vormittags ist die AT-Stunde eine willkommene und entspannende Unterbrechung, in der neue Kräfte gesammelt werden.
In der letzten Unterrichtsstunde passiert es jedoch manchmal, dass die Kinder zu müde und nicht mehr so recht motiviert sind.
Das AT kann auch nach einer Mittagspause am Nachmittag durchgeführt werden.
Sie kennen Ihre Schüler am besten und wissen, welches der richtige Zeitpunkt für das AT ist.
Wenn Sie sich für einen Tag und eine Stunde entschieden haben, bleiben Sie bitte über die sechs Wochen dabei. So können sich die Kinder darauf einrichten und es liegt zwischen den Übungseinheiten immer eine volle Woche, in der die Kinder zu Hause üben können und sollen.

Für den Lernerfolg ist es von großem Nutzen, wenn Sie neben der wöchentlichen Entspannungsstunde mehrmals in der Woche – ideal wäre täglich – eine kleine **Kurz-Sequenz** in den Schultag einbauen. Dies kommt allen Kindern zugute. Konzentriert und mit neuer Kraft können sie dem Unterricht danach besser folgen (siehe „Kurz-Sequenzen“, S. 73).

Wo kann das AT durchgeführt werden?

Jeder Raum, der abgeschlossen, **ruhig** und **ausreichend groß** ist, eignet sich für die Durchführung des AT. Wichtig ist, dass der Raum **angenehm warm** ist und jedes Kind **genug Platz** um sich herum hat. Zu viel Nähe zu anderen Kindern birgt die Gefahr von Unruhe und Störungen. Für die Dauer des AT müssen der Raum und seine Umgebung ruhig sein. Geräusche von außen wie Stimmengewirr oder Fußgetrappel lenken die Kinder ab.
Wenn möglich, dunkeln Sie den Raum so weit ab, dass eine angenehme Atmosphäre entsteht, in der die Kinder sich sicher und wohlfühlen. Dunkeln Sie den Raum nicht vollständig ab. Manche Kinder haben Angst im Dunkeln, für andere ist es das Signal zum Einschlafen und Sie als Trainer können in einem stockdunklen Raum die Kinder und deren Reaktionen auf das AT nicht im Blick haben.
Im Außenbereich und in der freien Natur sollte AT aufgrund der vielen akustischen und visuellen Ablenkungsmöglichkeiten nicht geübt werden.

Musik

Die Entspannungsgeschichten können mit leiser, entspannender Musik untermalt werden. Wählen Sie eine **reine Instrumentalmusik** aus, ohne Naturgeräusche, wie z. B. Vogelgezwitscher oder Walgesänge. Es sollte immer dieselbe Musik sein, sodass die Kinder beim Einsetzen der Musik schon automatisch in eine innere Entspannungshaltung kommen. Starten Sie die Musik kurz bevor Sie beginnen, die Geschichte vorzulesen. Dann ist das Einsetzen der Musik gleichzeitig das Signal für den Beginn der Geschichte. Schalten Sie die Musik nach der Rücknahme ab, bevor Sie den zweiten Bewegungsteil mit den Kindern machen.

Hinweise zur Durchführung

Vorbereitung

Machen Sie sich mit dem Aufbau und dem Ablauf der Übungsstunden vertraut.
Führen Sie, wenn Sie das AT nicht kennen, die Übungen einmal selbst durch, um die Wirkung zu spüren. Da das AT eine Entspannungsmethode ist, die über einen längeren Zeitraum eingeübt werden muss, ist es durchaus normal, wenn Sie bei den ersten Malen die gewünschte Wirkung noch nicht oder nur wenig spüren. Sie werden im Laufe des Kurses merken, wie entspannend allein das Sprechen der Formeln und das Lesen der Geschichten auf Sie wirken.
Lesen Sie die Entspannungsübungen und die Entspannungsgeschichte mehrmals vor der Stunde durch.
Gehen Sie mit möglichst viel innerer Ruhe in die Entspannungsstunden. Je ruhiger und ausgeglichener Sie sind und wirken, desto besser können die Schüler sich auf das AT einlassen.

Üben als Hausaufgabe

Der Lernerfolg und die beabsichtigte Entspannungswirkung werden nur erreicht, wenn das AT regelmäßig über einen längeren Zeitraum geübt wird. Die Schüler lernen in den wöchentlichen Entspannungsstunden die „Zaubersprüche" und den Ablauf des AT kennen. Zur Festigung und Vertiefung müssen die Kinder unbedingt zu Hause üben, möglichst **täglich 2-mal ca. 5–10 Minuten**.
Für die Dauer des Kurses sollte das Üben **Teil der Hausaufgaben** sein und auch abgefragt werden. In meinen Kursen habe ich die Abfrage meist in das „Wer hat …?"-Spiel (S.16) gelegt.
Weisen Sie die Schüler auch immer mal wieder während des Kurses auf die Wichtigkeit des häuslichen Übens hin. Schlagen Sie Ihren Schülern vor, als „kleiner Trainer" mit ihren Eltern oder Großeltern das AT zu Hause durchzuführen.
Für das Üben zu Hause finden Sie im Buch zu jeder Entspannungsstunde Zauberspruch-Merkblätter, die Sie kopieren und den Schülern mitgeben sollten.

Affirmations-Kärtchen

Am Ende des Buches finden Sie Kärtchen mit stärkenden, ermutigenden Sprüchen. Jedes Kind wählt den Spruch aus, der ihm am meisten zusagt oder am besten zu ihm passt. Die Kärtchen können **am Ende der 6. Stunde** verteilt werden. Erzählen Sie den Schülern, dass sich jeder den Spruch ganz zum Schluss der AT-Übung ein paar Mal mit seiner inneren Stimme sagen soll. Je öfter dies geschieht, desto schneller und besser wirkt der Spruch. Die Kinder legen das Kärtchen in ihre Federmappe oder während der Klassenarbeiten auf den Tisch. So können sie in aufregenden oder anstrengenden Situationen schnell einen Blick darauf werfen und sich Stärke und Mut holen.

Wenn der Kurs zu Ende ist

Das AT ist ein Entspannungsverfahren, das regelmäßig angewendet werden kann und soll. Es wäre schön, wenn es wie das Zähneputzen zum **täglichen Ritual** wird. Schnell gerät das Üben nach dem Kurs in Vergessenheit. Erinnern Sie die Kinder immer mal wieder an das Üben zu Hause. Vielleicht finden Sie auch eine Möglichkeit, das AT über die Kurz-Sequenzen in den Schulalltag einzubauen.

Urkunden

Am Ende des Kurses bekommt jedes Kind eine Urkunde **für die erfolgreiche Teilnahme am AT**. Auf der Urkunde sind noch einmal alle „Zaubersprüche" aufgelistet. Der Schmuckrand kann von den Kindern farblich gestaltet werden. Die Urkunden gibt es einmal für Jungen und einmal für Mädchen.
Weisen Sie die Kinder zum Schluss noch einmal darauf hin, dass das AT auch nach dem Kurs weiter zu Hause geübt werden soll.

Elterninformation

Viele Eltern haben schon einmal vom AT als Entspannungsmethode gehört, wissen aber nicht, was dahinter steckt und wie das AT funktioniert. Deshalb sollten Sie die Eltern vor Beginn des AT-Kurses durch einen **Elternbrief** darüber informieren. Auf Seite 13 finden Sie einen Elternbrief mit allen notwendigen Informationen.

Wenn Sie zusätzlich zu einem **Elternabend** einladen, geben Sie den Eltern einen kurzen Überblick über Inhalt, Ablauf und Ziele des Kurses. Erklären Sie in wenigen Worten, was AT ist und wie es wirkt, insbesondere bei Kindern. Weisen Sie unbedingt darauf hin, dass bei vorhandenen gesundheitlichen Problemen und Einschränkungen die Teilnahme am Kurs ärztlich abgeklärt und empfohlen werden muss.

Wichtig: Holen Sie sich immer vor Beginn des Kurses für alle Kinder die schriftliche Erlaubnis der Eltern, dass ihr Kind an dem Kurs teilnehmen darf und fragen Sie nach evtl. Gegenanzeigen und Risikofaktoren sowie Krankheiten. Auf Seite 12 finden Sie dazu eine Vorlage, die von den Eltern unterschrieben werden sollte.
Weisen Sie am Elternabend darauf hin, für welche Kinder das AT nicht geeignet ist (s. S. 7).

Um den Eltern einen Eindruck des Autogenen Trainings zu vermitteln, bietet es sich an, mit ihnen eine kleine AT-Übung zu machen. Die Teilnahme ist natürlich freiwillig.
Bitten Sie die Eltern, sich gerade auf die vordere Hälfte ihres Stuhles zu setzen. Der Rücken darf nicht angelehnt werden. Die Füße stehen hüftbreit fest auf dem Boden. Die Unterarme liegen locker auf den Oberschenkeln und die Hände hängen entspannt zwischen den Beinen. Dann atmet jeder tief ein und lässt beim Ausatmen den Oberkörper zusammensacken, bis deutlich ein Widerstand in der Wirbelsäule zu spüren ist. Es fühlt sich ein wenig so an, als ob die Wirbelsäule bei der richtigen Stellung „einrastet". Anschließend sinkt der Kopf auf die Brust.

Wenn alle Teilnehmer in der sogenannten Droschkenkutscher-Haltung sitzen, bitten Sie sie, die Augen zu schließen. Führen Sie dann mit ihnen die Schwere-Übung (S. 25) durch. Während der Übung werden die Teilnehmer in der „Du"-Form angesprochen.
Fragen Sie die Eltern nach der Rücknahme in einem kleinen Blitzlicht nach Empfindungen und Eindrücken während der Übung.

Hinweis: Es ist selten, dass jemand sofort beim ersten Mal ein Schwere-Gefühl in Armen und Beinen hat. Sagen Sie den Eltern, dass es normal ist, wenn die Schwere noch nicht deutlich zu merken war.
Weisen Sie in dem Zusammenhang darauf hin, dass die Wirksamkeit des AT in sehr großem Maß vom täglichen Üben zu Hause abhängt. Eltern können ihre Kinder unterstützen, indem sie mit ihnen zusammen eine geeignete Zeit im Tagesablauf finden, in der die Kinder das AT ungestört üben können.
Im Idealfall üben die Kinder allein 2- bis 3-mal täglich für 5–10 Minuten.

Elterninformation

Teilnahme-Erlaubnis

Hiermit bestätige ich, ... ,

dass mein Kind, ... ,
gesundheitlich in der Lage ist, an dem **Kurs „Autogenes Training für Grundschulkinder“** teilzunehmen.
Etwaige Risiken habe ich vorher ärztlich abklären lassen.
Ich erteile hiermit die Erlaubnis zur Teilnahme an dem Kurs.

....

Datum Unterschrift

Teilnahme-Erlaubnis

Hiermit bestätige ich, ... ,

dass mein Kind, ... ,
gesundheitlich in der Lage ist, an dem **Kurs „Autogenes Training für Grundschulkinder“** teilzunehmen.
Etwaige Risiken habe ich vorher ärztlich abklären lassen.
Ich erteile hiermit die Erlaubnis zur Teilnahme an dem Kurs.

....

Datum Unterschrift

© Verlag an der Ruhr | Autorin: Susanne Schaadt | ISBN 978-3-8346-3574-7 | www.verlagruhr.de

Elterninformation

Elternbrief

Kurs: „Grundschüler entspannen mit Autogenem Training"

Liebe Eltern,

ab dem .... möchte ich Ihren Kindern die Entspannungsübungen aus der Grundstufe des „Autogenen Trainings" nach J.H. Schultz vermitteln.

Das Autogene Training ist eine wissenschaftlich anerkannte Methode, den Körper und Geist mithilfe gedanklicher Vorstellungen zu entspannen. Die Kinder lernen Entspannungs-Sätze, die ihnen helfen, Leistungsdruck, Schulstress und Schulangst abzubauen bzw. deren Entstehung zu verhindern.

Das Autogene Training führt dazu, dass Ihr Kind ruhiger und gelassener in kritischen, belastenden Lebenssituationen reagieren kann. Zugleich fördert diese Entspannungsmethode die Selbstsicherheit und die Selbstakzeptanz Ihres Kindes. Im Verlauf des Kurses stellt sich erfahrungsgemäß relativ schnell eine deutlich verbesserte Balance zwischen Anspannung und Entspannung bei den Kindern ein.

Das Autogene Training gibt Ihrem Kind ein Werkzeug an die Hand, den täglichen Anforderungen in der Schule ruhig und entspannt zu begegnen und die ihm gestellten Aufgaben konzentriert und überlegt, ohne inneren Zeitdruck, zu bearbeiten und zu lösen.

Der Kurs geht über .... Wochen und findet

1-mal wöchentlich am ....

in der Zeit von .... Uhr bis .... Uhr statt.

Ihr Kind benötigt für das Autogene Training eine Isomatte, eine leichte Decke, ein kleines Kissen und warme Socken. Die Sachen können während des Kurses in der Schule bleiben.

Wichtig für den Erfolg und die Wirkung des Autogenen Trainings ist das Üben zu Hause. Täglich 2- bis 3-mal für ca. 5–10 Minuten wäre optimal. Suchen Sie zusammen mit Ihrem Kind einen geeigneten Ort und eine passende Zeit aus. Während des Übens darf Ihr Kind nicht gestört werden. Es wäre schön, wenn die Entspannungszeit zu einem wiederkehrenden, festen Bestandteil im Tagesablauf werden würde.
Ihr Kind übt allein, es sei denn, es lädt Sie ein, mitzuüben.

Sollte Ihr Kind körperliche oder psychische Erkrankungen haben, lassen Sie bitte im Vorfeld von Ihrem Arzt abklären, ob Ihr Kind an dem Kurs teilnehmen kann.

....

Name des Lehrers Schule

Basis-Übungen

Einführung

Der Kurs „Grundschüler entspannen mit Autogenem Training" ist für **sechs Wochen mit je einer Stunde pro Woche** konzipiert. In diesem Zeitraum werden die Basis-Entspannungsstunden 1 bis 6 (S. 19–55) nacheinander durchgeführt. Wichtig ist die unbedingte **Einhaltung der vorgegebenen Reihenfolge**, da die Stunden aufeinander aufbauen. Beginnend mit der ersten Übungseinheit, der Ruhe-Übung, wird in jeder Woche basierend auf der Übungseinheit der vorangegangenen Woche eine neue AT-Formel, ein neuer „Zauberspruch", eingeführt.
Für jede Entspannungsstunde finden Sie einen detailliert ausgearbeiteten **Ablaufplan**, der genau eingehalten werden sollte, um die gewünschte Wirkung und einen möglichst großen Lernerfolg zu erzielen.

Zusätzlich finden Sie im Buch **vier weitere Entspannungsstunden** (S. 56–72), die nach demselben Schema wie die Basis-Stunden aufgebaut sind. Mit den Entspannungsstunden 7 bis 10 können Sie **den Kurs auf zehn Wochen verlängern**. So wird das AT länger eingeübt und tiefer verankert. Erfahrungsgemäß haben die Schüler in den Entspannungsstunden viel Spaß und merken, wie gut ihnen das AT tut, sodass sie nach den sechs Wochen gern noch weitermachen wollen. Da den Kindern nach der 6. Stunde alle AT-Formeln bekannt sind, kann die Reihenfolge der zusätzlichen Entspannungsstunden frei gewählt werden.

Ablauf der Basis-Übungen

Bewegungsteil 1

Die Bewegungsübungen vor dem Entspannungsteil lassen die Kinder „runterkommen" und lockern den Körper. Dieser Bewegungsteil sollte ca. 10 Minuten dauern.
Machen Sie die folgenden Übungen – mit Ausnahme des „Wer hat ...?"-Spiels – jedes Mal vor und dann gemeinsam mit den Kindern.

1. „Wer hat ...?"-Spiel
Die Kinder sitzen auf der Matte. Stellen Sie ihnen Fragen aus ihrem täglichen Leben und Umfeld:
„Wer hat ein Tier zu Hause?" –
Alle Kinder, die ein Tier zu Hause haben, stehen schnell auf.
Bitten Sie die Kinder danach, sich wieder auf die Matte zu setzen.
„Wer hat zwei Tiere zu Hause?" –
Alle Kinder, die zwei Tiere zu Hause haben, stehen auf.
Alle Kinder setzen sich wieder.
„Wer hat eine Katze zu Hause?" –
Alle Kinder, ...
Die Kinder setzen sich wieder.
„Wer hat einen Hund zu Hause?" –
Alle Kinder, ...
„Wer hat heute Morgen gefrühstückt?" –
Alle Kinder, ...
„Wer hat heute Morgen ein Marmeladenbrot gegessen?" – Alle Kinder, ...
„Wer hat heute Morgen etwas Warmes getrunken?" – Alle Kinder, ...
u.s.w.
Kinder lieben dieses Spiel sehr. Die Fragen können aus allen Bereichen kommen.

Einführung

2. Rumpf drehen
Alle Kinder stellen sich mit schulterbreitem Beinabstand hin.
Die Hände werden in die Hüften gestemmt und die Kinder drehen in der Hüfte nach links und rechts. Die Beine bleiben fest auf dem Boden.

3. Hüfte kreisen
Die Hände bleiben auf den Hüften und die Hüfte selbst wird in großem Bogen 10-mal linksherum und anschließend 10-mal rechtsherum gedreht.

4. Schulter kreisen
Die Fingerspitzen werden auf die Schulter gelegt. Die Ellenbogen zeigen nach außen und werden 10-mal langsam nach hinten und anschließend 10-mal langsam nach vorn gedreht.

5. Kopf drehen
Die Kinder verschränken ihre Hände hinter dem Kopf und drehen ihren Oberkörper abwechselnd langsam nach links und nach rechts.

6. Arme strecken
Beide Arme werden senkrecht nach oben gestreckt. Die linke Hand fasst das rechte Handgelenk und zieht den rechten Arm langsam nach links oben. Die Spannung wird kurz gehalten, dann wird gewechselt. Jeweils 10-mal mit jeder Seite üben.

7. Arme und Beine ausschütteln
Arme und Beine werden locker ausgeschüttelt.

8. Sich wie ein nasser Hund schütteln
Die Kinder gehen auf alle Viere, mit Händen und Knien auf dem Boden, und schütteln sich wie ein nasser Hund.

Entspannungsgeschichte

Beachten Sie beim Vorlesen der Geschichten folgende Punkte:

>> Lesen Sie langsam – sehr langsam! – vor.
>> Senken Sie Ihre Stimme beim Vorlesen. Ein ruhiger und warmer Klang wirkt positiv auf die Kinder und fördert die Entspannung.
>> Lesen Sie die Entspannungsgeschichten und auch die „klassischen" AT-Übungen genau so vor, wie sie geschrieben sind.
>> Verändern Sie die AT-Formeln („Zaubersprüche") auf keinen Fall!
>> Halten Sie die angegebenen Pausen ein. Sie können sie gern verlängern, wenn Sie das Gefühl haben, es würde Ihren Schülern guttun.
>> Bewegen Sie sich möglichst nicht im Raum. Kinder werden dadurch schnell abgelenkt oder fühlen sich kontrolliert.
>> Wenn Sie leicht unruhige oder auffällige Kinder im Kurs haben, platzieren Sie diese in Ihrer Nähe, sodass Sie bei Störungen schnell und für die anderen Kinder unmerklich eingreifen können. Oft hilft schon eine leichte Berührung am Arm des Kindes.

Rücknahme

Die Rücknahme beendet die Entspannungsphase und muss **unbedingt** nach jeder Übungseinheit durchgeführt werden. Durch die Rücknahme schaltet das Bewusstsein wieder auf das Außen um, der Kreislauf kommt in Schwung und der Übende ist wieder ganz wach und klar im „Hier und Jetzt". Bei nicht ausreichend durchgeführter Rücknahme kann es zu Müdigkeit, Schwindel oder Kopfschmerzen nach dem AT kommen. Machen Sie die Rücknahme mit den Kindern zusammen und achten Sie darauf, dass alle Kinder nach dem AT wieder wach und „ganz da" sind. Wenn dies nicht der Fall ist, wiederholen Sie die Rücknahme. Führen Sie nach der Rücknahme immer den Bewegungsteil 2 durch.

Einführung

Bewegungsteil 2

Die Bewegungsübungen nach der Rücknahme des AT helfen zusätzlich, ganz wach und klar wieder im „Hier und Jetzt" anzukommen. Diese Übungen eignen sich auch hervorragend im regulären Unterricht als kleine, erfrischende Pause. Die Schüler werden danach nicht nur wacher und aufnahmefähiger sein, sondern sich auch besser konzentrieren können.
Machen Sie die Übungen jedes Mal vor und dann gemeinsam mit den Kindern. Alle Kinder stehen mit schulterbreitem Beinabstand.

1. Hände reiben

Die Hände werden flach aufeinandergelegt und kräftig gegeneinander gerieben, bis sie ganz warm sind. Dann werden die warmen Handflächen 5–8 Sek. links und rechts auf die Nierengegend gelegt. Wiederholen Sie die Übung mindestens 5-mal.

2. Ohren kneten

An den Ohrläppchen beginnend werden die Ohrränder mit Daumen und Zeigefinger so massiert, dass die Kanten nach außen „aufgefaltet" werden. Dabei langsam mit den Fingern die Ohren entlang nach oben wandern.
Danach wieder von unten neu anfangen.
Wiederholen Sie die Übung mindestens 6-mal.

3. Wachklopfen

Beginnend an der linken Schulter, wird mit der rechten Hand an der Außenseite des linken Armes bis zu den Fingerspitzen langsam Stück für Stück heruntergeklopft. Dann wird über die Handinnenfläche an der Innenseite des linken Armes zurück bis zur Mitte der Brust geklopft.
Die Klopfhand wechselt und es wird von der rechten Schulter an der Außenseite des rechten Armes abwärts zu den Fingerspitzen und von dort über die Handinnenfläche an der Innenseite des rechten Armes zurück bis zur Mitte der Brust geklopft.
Von dort wird mit beiden Händen gleichzeitig über den Brustkorb nach unten, an den Außenseiten der Beine bis zu den Fußspitzen und zurück über die Innenseiten der Beine über den Bauch bis hoch zum Brustkorb geklopft.
Wiederholen Sie die Übung mindestens 2-mal.

Kreativteil

Zu allen Entspannungsgeschichten gibt es Malvorlagen, die am Ende der Stunde von den Schülern farbig gestaltet werden können. Mit den Motiven ist die in der jeweiligen Geschichte erfahrene Entspannung verknüpft, die durch das Ausmalen stärker verankert wird. Die Bilder sind oft **hilfreich beim Üben zu Hause**, da die Kinder sich durch die Motive an die Geschichten erinnern und die Entspannungsreaktion leichter und schneller ausgelöst wird.
Die Motive „Wärmflasche" (S. 46) und „Sonne" (S. 47) können nach der Einführung der Bauch-Übung zusätzlich gut als Symbol für Entspannung im Klassenraum platziert werden.

Zauberspruch-Merkblatt

Für das Üben zu Hause müssen die „Zaubersprüche" auswendig gelernt werden. Als **Erinnerungsstütze** bekommt jedes Kind am Ende der jeweiligen Entspannungsstunde das entsprechende Merkblatt mit den Zaubersprüchen und einer kurzen Anleitung für das Üben zu Hause. Die Kinder malen die dekorativen Rahmen um die Texte aus. So wirken die Blätter wie kleine Bilder und können zu Hause an die Wand gehängt werden, möglichst in sichtbarer Nähe des Übungsplatzes.

1 Ruhe-Übung

Die Schüler breiten ihre Matten aus und legen das Kissen und die Decke darauf. Alle setzen sich auf ihre Matten.

Zu Beginn der ersten Stunde ist es wichtig, den Schülern zu erklären, was AT ist, wie es wirkt und warum es gut ist, AT zu lernen.
Fragen Sie die Schüler, was Stress ist. In welchen Situationen haben sie Stress, sind sie angespannt, aufgeregt oder haben Angst? Wie fühlt sich Stress oder Angst im Körper an? Wo im Körper kann man den Stress oder die Angst fühlen? Dabei gilt es zu berücksichtigen, dass gerade Kinder auch vor Freude sehr aufgeregt sein können, z. B. vor ihrem Geburtstag, vor Weihnachten oder wenn Besuch kommt, auf den sie sich sehr freuen. Auch das kann den Körper in Stress versetzen.
Angst und Stress sind ganz natürliche Reaktionen auf Herausforderungen und Belastungen, die jeder Mensch jeden Tag erlebt. Ein gewisses, gesundes Maß an Spannung und Stress ist wichtig, um sich konzentriert einer Aufgabe widmen zu können und sie zu lösen.
Werden der Stress und die Anspannung jedoch zu groß, gerät der Körper in eine Art „Alarmzustand" und reagiert noch genauso wie zu Urzeiten der Menschheit mit einem „Überlebensprogramm".

Folgende Geschichte erklärt Kindern leicht und verständlich, was in stressigen, aufregenden Situationen im Körper abläuft:

> Vor vielen, vielen Jahren, als die Menschen noch in Höhlen wohnten, mussten die Männer zur Jagd gehen, um für ihre Familien Nahrung zu besorgen. Die Frauen und Kinder haben im Wald Beeren und Kräuter für das Essen gesammelt. Das war manchmal sehr gefährlich. Stellt euch einmal vor, was passierte, wenn sie auf einen hungrigen Bären trafen. Hatten sie da Zeit, erst einmal ganz in Ruhe nachzudenken, was sie machen könnten? Hatten sie wohl Zeit, sich den Bären erst einmal genau anzusehen und herauszufinden, ob er friedlich oder angriffslustig ist? Hatten sie wohl Zeit, zu überlegen, ob es besser wäre, wegzulaufen oder dazubleiben? Nein, natürlich nicht! Sie mussten sich ganz schnell entscheiden, zu fliehen oder mit dem Bären zu kämpfen. Wenn sie erst lange nachgedacht hätten, wären sie vom Bären angegriffen und vielleicht getötet worden.
> Und was braucht man zum Fliehen oder Kämpfen? Man braucht ganz viel Kraft in seinen Armen und Beinen. Deshalb hat die Natur es so eingerichtet, dass in einer stressigen Situation die meiste Energie in die Arme und Beine transportiert wird. Denn die braucht man ja, wenn man ganz schnell weglaufen oder kämpfen will. Das Herz beginnt schneller zu schlagen, die Arme und Beine spannen sich an und man kann nicht mehr gut denken.
> Und genau so wie damals die Menschen vor vielen, vielen Jahrtausenden reagiert haben, so reagieren wir heute auch noch. Wenn wir in einer aufregenden Situation sind, die uns stresst oder in der wir zusätzlich auch noch Angst haben, wird unser Körper auf die Flucht oder den Kampf vorbereitet. Jetzt stellt euch mal vor, ihr schreibt eine Klassenarbeit oder die Lehrerin ruft euch auf und ihr wisst die Antwort nicht. Dann will euer Körper fliehen oder kämpfen. Jetzt könnt ihr aber nicht einfach aus der Klasse laufen. Und ihr könnt auch nicht mit der Lehrerin kämpfen. Trotzdem schlägt euer Herz schneller und ihr könnt in der Aufregung nicht mehr gut denken. Um aber die Aufgaben in der Klassenarbeit oder die Frage der Lehrerin zu lösen, müsst ihr gut denken können.
> Dafür ist Entspannung ganz wichtig. Wenn ihr entspannt seid, dann könnt ihr euch gut konzentrieren, genau zuhören und nachdenken. Dann schafft ihr eure Aufgaben und könnt viel besser und schneller lernen.
> Das Beste kommt jetzt: Entspannung kann man lernen. Die Methode nennt man „Autogenes Training".
> Autogen bedeutet, dass man es selbst machen kann, und Training heißt, dass man die Entspannung üben muss, so wie auch ein kleines Kind das Laufen erst einmal üben muss, bevor es dann richtig gut laufen kann. Deshalb müsst ihr auch zu Hause das Autogene Training üben.
> Beim Autogenen Training sagt ihr euch mit eurer inneren Stimme kleine Sätze. Diese Sätze sind Zaubersprüche, die eurem Körper sagen,

1 Ruhe-Übung

was er tun soll, damit er sich entspannen kann. Wisst ihr, was eure innere Stimme ist? Jeder kann mit seiner inneren Stimme etwas sagen, ohne dass jemand anderes es hören kann. Jetzt versucht mal jeder, seinen Namen mit seiner inneren Stimme zu sagen.
Und noch einmal etwas lauter.
Konntet ihr hören, was die anderen gesagt haben? Nein? Super! Genauso sprecht ihr dann die Zaubersprüche, die ihr in den nächsten Wochen lernen werdet.
Wenn ihr durch das Autogene Training gelernt habt, euch zu entspannen, könnt ihr auch in aufregenden Situationen ruhig und gelassen bleiben.

Bewegungsteil 1

(ausführliche Anleitung S. 16/17)

1. „Wer hat ...?"-Spiel
2. Rumpf drehen
3. Hüfte kreisen
4. Schulter kreisen
5. Kopf drehen
6. Arme strecken
7. Arme und Beine ausschütteln
8. Sich wie ein nasser Hund schütteln

Entspannungsteil: Ruhe

Klären Sie mit den Schülern kurz, was eine Schranke ist und wie wichtig es für die Entspannung ist, dass störende Geräusche und Gedanken hinter der Schranke bleiben.
Üben Sie den ersten Zauberspruch **„Geräusche und Gedanken sind hinter den Schranken. Ich bin ganz ruhig"** einige Male laut mit den Kindern, damit der Satz während des AT mit der inneren Stimme richtig nachgesprochen werden kann.

Dunkeln Sie jetzt den Raum ab.

Entspannungsgeschichte: Im Frühlingsgarten

Lege dich auf den Rücken. Deine Beine sind ausgestreckt und deine Füße zeigen nach außen. Deine Arme liegen ruhig neben deinem Körper. Die Handflächen zeigen nach oben oder unten. Mach es dir so ganz bequem.

Für das Üben im Sitzen am Tisch:

Lege deine Arme auf den Tisch und lege deinen Kopf auf deine Arme.

Für das Üben im Sitzen auf einem Stuhl:

Setze dich gerade auf deinen Stuhl, ohne die Lehne zu berühren. Deine Füße stehen etwas auseinander fest auf dem Boden. Lege deine Unterarme entspannt auf die Oberschenkel. Deine Hände hängen locker zwischen deinen Beinen. Atme tief ein und lass beim Ausatmen deinen Oberkörper zusammensacken, bis du einen Widerstand in deinem Rücken spürst. Dein Kopf sinkt auf deine Brust.

Pause, bis alle in der Position liegen bzw. sitzen und bis Ruhe eingekehrt ist.

Schließe deine Augen.

Kinder, die ihre Augen nicht schließen wollen, fixieren einen Punkt. Ihre Augen sollen dabei jedoch halb geschlossen sein.

Sage dir mit deiner inneren Stimme den **ersten** Zauberspruch:
Geräusche und Gedanken sind hinter den Schranken. (◷ 8–10 Sek.)
Geräusche und Gedanken sind hinter den Schranken. (◷ 8–10 Sek.)
Ich bin ganz ruhig. (◷ 10 Sek.)
Ich bin ganz ruhig. (◷ 10 Sek.)
Ich bin ganz ruhig und entspannt. (◷ 10 Sek.)
Ich bin ganz ruhig und entspannt. (◷ 10 Sek.)
Ich bin ganz ruhig und entspannt. (◷ 10 Sek.)
Sage mit deiner inneren Stimme:
Ich bin ganz ruhig und entspannt. (◷ 10 Sek.)

Lausche nun der Geschichte.

Ab hier kann leise Entspannungsmusik im Hintergrund laufen.

1 Ruhe-Übung

Stelle dir vor (2 Sek.), es ist ein wunderschöner Frühlingstag. (2–3 Sek.)
Die Sonne scheint angenehm warm (2 Sek.) und am blauen Himmel ziehen ganz langsam (2 Sek.) ein paar kleine weiße Wolken. (2–3 Sek.)
Die Wolken sehen aus wie kleine Schafe mit strubbeligem Fell. (2–3 Sek.)
Heute ist ein sehr guter Tag, um im Garten zu arbeiten. (2–3 Sek.)
Du willst einige Blumen und Sträucher pflanzen. (2–3 Sek.)
Wie sieht dein Garten aus? (5 Sek.)
Gibt es eine Rasenfläche zum Spielen? (5 Sek.)
Hast du Bäume in deinem Garten? (5 Sek.)
Wo stehen sie? (2 Sek.)
In der Mitte oder am Rand? (2 Sek.)
Sind sie groß oder klein? (5 Sek.)
Schau dich ganz in Ruhe (2 Sek.) in deinem Garten um. (8 Sek.)
Nun wird es Zeit, mit der Gartenarbeit anzufangen. (2 Sek.)
Du suchst die beste Stelle für deine Blumen und Sträucher aus. (3 Sek.)
Wo haben sie ausreichend Platz und Licht zum Wachsen? (5 Sek.)
Du holst einen Spaten und eine Schaufel aus dem Schuppen (2 Sek.) und bringst sie zu der Stelle, an der du die Blumen und Sträucher pflanzen willst. (3 Sek.)
Lege sie einfach dort auf den Boden. (2 Sek.)
Du gehst zurück zum Schuppen und holst die Schubkarre mit der schweren Blumenerde heraus. (2 Sek.)
Nun schiebst du die Schubkarre zum Blumenbeet. (2 Sek.)
Die Schubkarre ist so schwer, dass du dich richtig anstrengen musst, um sie vorwärts zu schieben. (5 Sek.)
Du merkst, wie stark du die Muskeln in deinen Händen und Armen anspannen musst. (3 Sek.)
Mit ganz viel Kraft stemmst du deine Beine in den Boden und machst einen Schritt nach dem anderen. (5 Sek.)
Es geht nur langsam vorwärts, aber du schaffst es. (3 Sek.)
Am Beet angekommen, kippst du die Erde mit Kraft und Schwung aus der Schubkarre heraus. (2 Sek.)
Gut gemacht! (2 Sek.)
Jetzt musst du noch die Blumen und Sträucher holen, die du pflanzen willst. (2 Sek.)
Du lädst auch sie in die Schubkarre. (4 Sek.)
Sie sind ganz schwer (2 Sek.) und du musst dich nochmal richtig anstrengen, um die voll beladene Schubkarre zum Beet zu schieben. (5 Sek.)
Bevor du die Blumen und Sträucher einpflanzen kannst, musst du den Erdboden mit dem Spaten umgraben. (5 Sek.)
Dann buddelst du für jeden Strauch und jede Blumenstaude mit der Schaufel ein Loch. (4 Sek.)
In jedes Loch füllst du etwas Blumenerde und steckst eine Pflanze hinein. (5 Sek.)
Nun schaufelst du rings um die Pflanze Blumenerde (3 Sek.) und trittst sie vorsichtig mit dem Fuß fest. (5 Sek.)
Wenn alle Blumen und Sträucher eingepflanzt sind, nimmst du die Gießkanne und holst Wasser aus dem Brunnen. (3 Sek.)
Die gefüllte Gießkanne ist ganz schwer (2 Sek.) und du brauchst all deine Kraft, um sie zu deinem Beet zu tragen (2 Sek.) und die Pflanzen zu gießen. (5 Sek.)
Nun bringst du das Gartenwerkzeug wieder zurück in den Schuppen. (3 Sek.)
Dein Garten sieht wunderschön aus und es ist Zeit, sich von der Arbeit auszuruhen. (2 Sek.)
Such dir ein schönes Plätzchen in deinem Garten und breite dort eine Decke aus. (4 Sek.)
Nun legst du dich mit dem Rücken auf die Decke und streckst deine Beine aus. (4 Sek.)
Deine Arme legst du ganz locker neben deinen Körper. (4 Sek.)
Du schließt deine Augen (3 Sek.) und kommst zur Ruhe. (5 Sek.)
Fühl einmal, wie schwer (2 Sek.) und warm (2 Sek.) deine Arme (2 Sek.) und deine Beine von der Arbeit geworden sind. (5 Sek.)
Ganz schwer (3 Sek.) und ganz warm. (4 Sek.)

1 Ruhe-Übung

Es tut gut, sie jetzt ganz ruhig (◷ 2 Sek.)
und entspannt (◷ 2 Sek.) liegen zu lassen.
(◷ 5 Sek.)
Dein Atem geht ruhig (◷ 2 Sek.) und gleichmäßig (◷ 3 Sek.): ein und aus (◷ 3 Sek.),
ein und aus. (◷ 10 Sek.)
Die Sonne scheint ganz warm (◷ 2 Sek.)
auf deinen Bauch. (◷ 5 Sek.)
Dein Bauch ist ganz warm (◷ 2 Sek.),
strömend warm. (◷ 10 Sek.)
Es weht ein leichter Wind (◷ 2 Sek.) über
deine Stirn. (◷ 5 Sek.)
Deine Stirn ist angenehm kühl. (◷ 10 Sek.)
Lausche nun noch ein wenig den Geräuschen
in deinem Garten. (◷ 5 Sek.)
Hörst du die Vögel zwitschern? (◷ 5 Sek.)
Bringt der leichte Wind die Blätter zum
Rauschen? (◷ 60 Sek.!)

Nun wird es Zeit, den Garten wieder zu
verlassen. (◷ 3 Sek.)
Du drehst dich nochmal um (◷ 2 Sek.)
und schaust, was du alles geschafft hast.
(◷ 5 Sek.)
Du weißt, du kannst jederzeit wieder in
deinen Garten zurückgehen und dich ausruhen.
(◷ 3–4 Sek.)

Rücknahme

Ich zähle gleich bis drei. Bei drei öffnest du deine Augen, atmest tief ein und aus und reckst und streckst dich wie eine Katze.
Du bist wieder ganz wach im Hier und Jetzt.
Eins *(leise)* – zwei *(etwas lauter)* – drei! *(laut)*

Recken und strecken Sie sich selbst mit.

Wichtig: Lassen Sie den Kindern noch Zeit, um das Gefühl der Entspannung zu genießen und wieder ganz im Hier und Jetzt anzukommen.

Feedback-Blitzlicht

Die Kinder setzen sich auf. Fragen Sie jedes Kind nach seinen Erfahrungen und Erlebnissen während der Übung. So können Sie gut auf Unsicherheiten oder Probleme eingehen.

Bewegungsteil 2

(ausführliche Anleitung S. 18)

Führen Sie unbedingt die folgenden Übungen gemeinsam mit den Kindern im Stehen durch:

1. Hände reiben
2. Ohren kneten
3. Wachklopfen

Abschluss

Verteilen Sie die Merkblätter und besprechen Sie die Hausaufgabe mit den Kindern.

Kreativteil

Die Kinder malen ihr ganz persönliches „Bitte-nicht-stören-Schild“ (Vorlage S. 23) aus. Bitten Sie die Kinder, für das tägliche Üben zu Hause das Schild an ihre Zimmertür zu hängen.

1 Bitte nicht stören!

1 Zauberspruch-Merkblatt

Hier ist deine erste Übung (am besten übst du 3-mal am Tag):

Lege dich auf den Rücken.
Deine Arme liegen entspannt neben deinem Körper.
Deine Beine sind ausgestreckt und deine Füße fallen locker nach außen.

Schließe deine Augen und sage dir mit deiner inneren Stimme ein paar Mal den ersten Zauberspruch:

„Geräusche und Gedanken sind hinter den Schranken. Ich bin ganz ruhig."

Wenn du die Übung beenden willst, öffnest du deine Augen, atmest tief ein und aus und reckst und streckst dich wie eine Katze. Dann bist du wieder ganz wach.

© Verlag an der Ruhr | Autorin: Susanne Schaadt | ISBN 978-3-8346-3574-7 | www.verlagruhr.de

2 Schwere-Übung

Die Schüler breiten ihre Matten aus und legen das Kissen und die Decke darauf. Alle setzen sich auf ihre Matten.

Feedback-Blitzlicht

Beginnen Sie mit einem Blitzlicht, wie das Üben zu Hause funktioniert hat. Wie oft wurde geübt? Wie fühlte es sich im Körper an? Ging es leicht oder war etwas schwierig? Fragen Sie die bisher gelernten Zaubersprüche ab.

Bewegungsteil 1

(ausführliche Anleitung S. 16/17)

1. „Wer hat ...?"-Spiel
2. Rumpf drehen
3. Hüfte kreisen
4. Schulter kreisen
5. Kopf drehen
6. Arme strecken
7. Arme und Beine ausschütteln
8. Sich wie ein nasser Hund schütteln

Entspannungsteil: Ruhe und Schwere

Fragen Sie die Kinder, was schwer (an Gewicht) ist. Wie und wo fühlt man, dass etwas schwer ist? Üben Sie den zweiten Zauberspruch **„Meine Arme sind ganz schwer und meine Beine sind ganz schwer"** einige Male laut mit den Kindern, damit der Satz während des AT mit der inneren Stimme richtig nachgesprochen werden kann.

Dunkeln Sie jetzt den Raum ab.

Entspannungsgeschichte: Schatzsuche

> Lege dich auf den Rücken. Deine Beine sind ausgestreckt und deine Füße zeigen nach außen. Deine Arme liegen ruhig neben deinem Körper. Die Handflächen zeigen nach oben oder unten. Mach es dir so ganz bequem.

Für das Üben im Sitzen am Tisch:

> Lege deine Arme auf den Tisch und lege deinen Kopf auf deine Arme.

Für das Üben im Sitzen auf einem Stuhl:

> Setze dich gerade auf deinen Stuhl, ohne die Lehne zu berühren. Deine Füße stehen etwas auseinander fest auf dem Boden. Lege deine Unterarme entspannt auf die Oberschenkel. Deine Hände hängen locker zwischen deinen Beinen. Atme tief ein und lasse beim Ausatmen deinen Oberkörper zusammensacken, bis du einen Widerstand in deinem Rücken spürst. Dein Kopf sinkt auf deine Brust.

Pause, bis alle in der Position liegen bzw. sitzen und bis Ruhe eingekehrt ist.

> Schließe Deine Augen.

Kinder, die ihre Augen nicht schließen wollen, fixieren einen Punkt. Ihre Augen sollen dabei jedoch halb geschlossen sein.

> Sage dir mit deiner inneren Stimme den **ersten** Zauberspruch:
> Geräusche und Gedanken sind hinter den Schranken. (8–10 Sek.)
> Geräusche und Gedanken sind hinter den Schranken. (8–10 Sek.)
> Ich bin ganz ruhig. (10 Sek.)
> Ich bin ganz ruhig und entspannt. (10 Sek.)
> Ich bin ganz ruhig und entspannt. (10 Sek.)
> Sage mit deiner inneren Stimme:
> Ich bin ganz ruhig und entspannt. (10 Sek.)

2 Schwere-Übung

Nun sagst du dir mit deiner inneren Stimme den **zweiten** Zauberspruch:
Meine Arme sind ganz schwer. (🕑 10 Sek.)
Und meine Beine sind ganz schwer. (🕑 10 Sek.)
Meine Arme sind ganz schwer. (🕑 5 Sek.)
Und meine Beine sind ganz schwer. (🕑 5 Sek.)
Meine Arme und meine Beine sind ganz schwer. (🕑 10 Sek.)
Meine Arme und meine Beine sind ganz schwer. (🕑 10 Sek.)
Meine Arme und meine Beine sind ganz schwer. (🕑 10 Sek.)
Sage dir mit deiner inneren Stimme:
Meine Arme und meine Beine sind ganz schwer.
(🕑 10 Sek.)

Lausche nun der Geschichte.

Ab hier kann leise Entspannungsmusik im Hintergrund laufen.

Stelle dir vor (🕑 2 Sek.), du hast einen Brief in deinem Briefkasten. (🕑 2 Sek.)
Der alte Kapitän Jan Seebär lädt dich ein (🕑 2 Sek.) zu einem Ausflug mit seinem Schiff. (🕑 2 Sek.).
Schon von weitem kannst du das große Schiff sehen. (🕑 2 Sek.)
Du siehst auch ein paar andere Kinder. (🕑 2 Sek.)
Einige Kinder kennst du (🕑 2 Sek.), manche Kinder sind dir fremd. (🕑 2 Sek.)
Nachdem alle an Bord sind, legt das Schiff ab. (🕑 2–3 Sek.)
Kapitän Seebär tutet noch einmal zum Abschied. (🕑 2 Sek.)
Es ist ein wunderschön warmer (🕑 2 Sek.) und sonniger Sommertag. (🕑 2 Sek.)
Das Meer ist ruhig (🕑 2 Sek.) und viele Möwen begleiten das Schiff. (🕑 2–3 Sek.)
Du bist neugierig, wohin die Reise geht. (🕑 2 Sek.)
Nach einer Weile siehst du in der Ferne eine Insel auftauchen. (🕑 2–3 Sek.)
Noch ist sie nur ein kleiner Punkt am Horizont. (🕑 2 Sek.)
Je näher das Schiff kommt, desto mehr kannst du von der Insel sehen. (🕑 2–3 Sek.)
Sie hat einen weißen Sandstrand (🕑 2 Sek.) und hinter den Dünen kannst du einen Wald erkennen. (🕑 2–3 Sek.)
Kapitän Seebär legt sicher an der Insel an und du gehst zusammen mit den anderen Kindern an Land. (🕑 3–4 Sek.)
Der Sand fühlt sich unter deinen Füßen wunderbar warm (🕑 2 Sek.) und weich an. (🕑 2 Sek.)
Dann gibt euch Kapitän Seebär eine alte Schatzkarte und sagt: (🕑 2 Sek.)
„Auf dieser Karte ist eine Stelle hier auf der Insel eingetragen, an der ein Schatz vergraben liegt. (🕑 2 Sek.) Ich wünsche euch viel Spaß beim Suchen. (🕑 2 Sek.) Heute Nachmittag hole ich euch hier wieder ab." (🕑 2 Sek.)
Zusammen mit den anderen Kindern schaust du auf die Karte. (🕑 3–4 Sek.)
Dort sind die Dünen und der Wald eingezeichnet. (🕑 2 Sek.)
Vor der höchsten Düne sind ein Baumstamm und ein Strauch abgebildet. (🕑 2 Sek.)
Genau an dieser Stelle sieht man ein kleines rotes Kreuz. (🕑 2 Sek.)
„Dort muss der Schatz vergraben sein", sagst du zu den anderen Kindern. (🕑 2 Sek.)
Zusammen macht ihr euch auf die Suche. (🕑 3–4 Sek.)
Ganz weit in der Ferne (🕑 2 Sek.) siehst du einen kleinen Busch und einen Baumstamm, der auf dem Strand liegt. (🕑 2 Sek.)
Die Düne daneben (🕑 2 Sek.) ragt weit über alle anderen Dünen auf der Insel. Das muss die Stelle sein. (🕑 2 Sek.)
Alle zusammen geht ihr dorthin. (🕑 2 Sek.)
Es ist ein wunderschönes Gefühl, barfuß in dem angenehm warmen (🕑 2 Sek.) und weichen Sand zu laufen. (🕑 2–3 Sek.)
Nach einer Weile habt ihr die Stelle erreicht. (🕑 2 Sek.)
Und richtig: Da ist wirklich genau so ein Busch (🕑 2 Sek.) und genau so ein Baumstamm wie auf der Schatzkarte eingezeichnet. (🕑 2 Sek.)
Weil der Schatz unter dem Busch versteckt ist, müsst ihr den Busch ausgraben, um daranzukommen. (🕑 2 Sek.)
So beginnst du zusammen mit den anderen Kindern (🕑 2 Sek.), den Sand unter dem Busch

2 Schwere-Übung

mit deinen Händen wegzuschaufeln. (5 Sek.)
Am Anfang ist es ganz leicht. Doch je tiefer du gräbst, desto schwerer wird es. (4 Sek.)
Du brauchst deine ganze Kraft in den Händen und Armen (2 Sek.), um die Wurzeln des Busches freizuschaufeln. (5 Sek.)
Endlich ist das Loch um den Busch herum groß genug. (2 Sek.)
Alle zusammen zieht ihr an dem Busch. (4 Sek.)
Doch er bewegt sich nur ein kleines Stück. (2 Sek.)
Du stemmst deine Beine ganz kräftig in den Boden (2 Sek.) und ziehst mit deinen Armen mit aller Kraft. (5 Sek.)
Fühlst du, wie stark du deine Armmuskeln (2 Sek.) und deine Beinmuskeln anspannen musst? (5 Sek.)
Langsam (2 Sek.), ganz langsam könnt ihr den Busch aus dem Loch herausziehen. (4 Sek.)
Ihr stellt ihn in den Sand neben dem Baumstamm. (2 Sek.)
Dann schaust du in das Loch. (2 Sek.)
Doch da ist kein Schatz zu sehen. (2 Sek.)
Du schaufelst nochmal tiefer. (3–4 Sek.)
Plötzlich fühlst du etwas Hartes unter dem weichen Sand. (2 Sek.)
Es ist eine große (2 Sek.), alte (2 Sek.) und sehr schwere Holzkiste. (2 Sek.)
Noch einmal müsst ihr euch anstrengen und die Kiste von dem Sand völlig freischaufeln. (5 Sek.)
Dann hebt ihr sie alle zusammen (2 Sek.) mit eurer ganzen Kraft aus dem Loch heraus. (2 Sek.)
Schnell pflanzt ihr den Busch wieder ein. (2 Sek.)
Nun schaust du dir die Kiste genauer an. (3 Sek.)
Sie sieht sehr geheimnisvoll aus. (2 Sek.)
Du öffnest den Deckel und siehst hinein. (2 Sek.)
In der Kiste liegt für jedes Kind ein Schatzsäckchen. (2 Sek.)
Du nimmst dein Säckchen heraus (2 Sek.), öffnest es vorsichtig (2 Sek.) und schaust hinein. (3 Sek.)

Was findest du in deinem Schatzsäckchen? (2 Sek.)
Goldmünzen, Diamanten, Perlen und Schmuck? (4 Sek.)
Oder vielleicht auch etwas ganz anderes? (4 Sek.)
Nun schnürst du das Säckchen wieder gut zu. (2 Sek.)
Du steckst es ein (2 Sek.) und ihr macht euch auf den Rückweg. (2 Sek.)
Von der vielen Arbeit sind deine Arme (2 Sek.) und deine Beine ganz schwer (2–3 Sek.) und du bist froh, als du wieder am Treffpunkt ankommst. (3 Sek.)
Dort legst du dich mit dem Rücken auf den warmen (2 Sek.), weichen Sand (2 Sek.) und streckst deine Beine aus. (3 Sek.)
Deine Arme legst du ganz locker neben deinen Körper. (3–4 Sek.)
Dein Schatzsäckchen liegt neben dir.
Da ist es ganz sicher. (2 Sek.)
Nun schließt du deine Augen und kommst zur Ruhe. (6 Sek.)
Fühl einmal, wie schwer (2 Sek.) und warm (2 Sek.) deine Arme (2 Sek.) und deine Beine (2 Sek.) von der Schatzsuche geworden sind. (5 Sek.)
Ganz schwer (3 Sek.) und ganz warm. (4 Sek.)
Es tut gut, sie jetzt ganz ruhig (2 Sek.) und entspannt (2 Sek.) im warmen Sand liegenzulassen. (5 Sek.)
Dein Atem geht ruhig (2 Sek.) und gleichmäßig (3 Sek.): ein und aus (3 Sek.), ein und aus. (10 Sek.)
In der Ferne (2 Sek.) hörst du ganz leise die Möwen kreischen. (3 Sek.)
Die Wellen schwappen hin (2 Sek.) und her (3 Sek.), hin und her. (4 Sek.)
Die Sonne scheint ganz warm (2 Sek.) auf deinen Bauch. (5 Sek.)
Dein Bauch ist ganz warm (2 Sek.), strömend warm. (10 Sek.)
Ein sanfter Wind weht über die Insel. (3 Sek.)
Du fühlst ihn auf deiner Stirn. (5 Sek.)
Deine Stirn ist angenehm kühl. (10 Sek.)
Hörst du die Wellen plätschern? (5 Sek.)

2 Schwere-Übung

Lausche nun noch ein wenig den Geräuschen des Meeres. (⏱ 60 Sek.!)

Nach einer Weile hörst du ein Schiffshorn tuten. (⏱ 2 Sek.)
Kapitän Seebär ist da, um euch abzuholen. (⏱ 2 Sek.)
Auf der Rückfahrt setzt du dich auf das Schiffsdeck und schaust den Möwen zu, die eure Fahrt begleiten. (⏱ 5 Sek.)
Wieder im Hafen angekommen, bedankst du dich bei Kapitän Seebär für die tolle Reise und gehst mit deinem Schatz nach Hause. (⏱ 3 Sek.)

Rücknahme

Ich zähle gleich bis drei. Bei drei öffnest du deine Augen, atmest tief ein und aus und reckst und streckst dich wie eine Katze.
Du bist wieder ganz wach im Hier und Jetzt.
Eins *(leise)* – zwei *(etwas lauter)* – drei! *(laut)*

Recken und strecken Sie sich selbst mit.

Wichtig: Lassen Sie den Kindern noch Zeit, um das Gefühl der Entspannung zu genießen und wieder ganz im Hier und Jetzt anzukommen.

Feedback-Blitzlicht

Die Kinder setzen sich auf. Fragen Sie jedes Kind nach seinen Erfahrungen und Erlebnissen während der Übung. So können Sie gut auf Unsicherheiten oder Probleme eingehen.

Bewegungsteil 2

(ausführliche Anleitung S. 18)
Führen Sie unbedingt die folgenden Übungen gemeinsam mit den Kindern im Stehen durch:

1. Hände reiben
2. Ohren kneten
3. Wachklopfen

Abschluss

Verteilen Sie die Merkblätter und besprechen Sie die Hausaufgabe mit den Kindern.

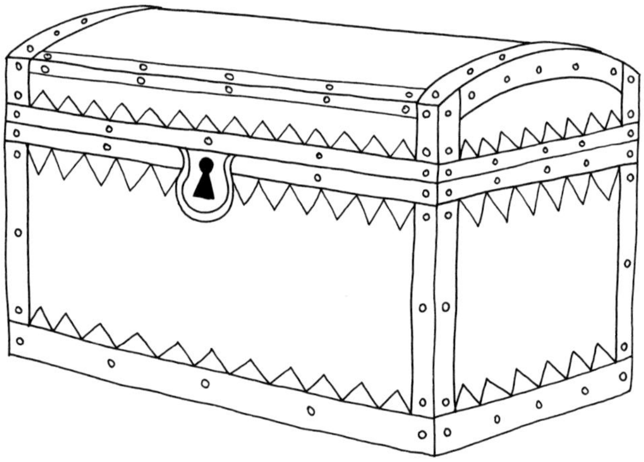

Kreativteil

Nun können die Kinder noch ihre „Schätze" in das Schatzsäckchen (Vorlage S. 29) malen oder ihre ganz persönliche Schatztruhe (Vorlage S. 30) gestalten.

2 Schatzsäckchen

2 Schatztruhe

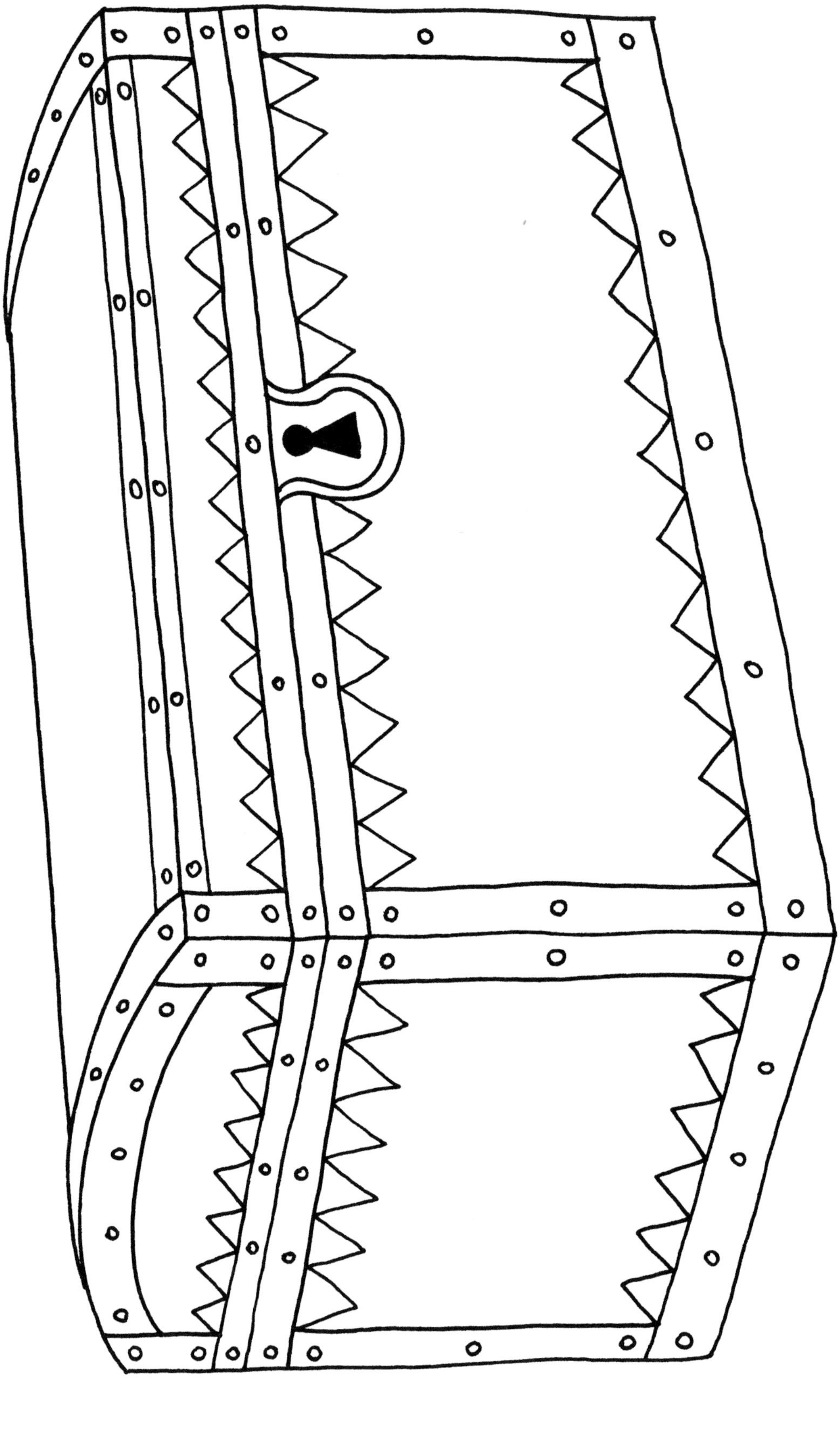

2 Zauberspruch-Merkblatt

Hier ist dein zweiter Zauberspruch:

**„Meine Arme sind ganz schwer
und meine Beine sind ganz schwer."**

Lege dich auf den Rücken. Deine Arme liegen entspannt neben deinem Körper. Deine Beine sind ausgestreckt und deine Füße fallen locker nach außen.

Schließe deine Augen und sage dir mit deiner inneren Stimme ein paar Mal den ersten Zauberspruch:

1. **„Geräusche und Gedanken sind hinter den Schranken. Ich bin ganz ruhig."**

Danach sagst du dir mit deiner inneren Stimme ein paar Mal den zweiten Zauberspruch:

2. **„Meine Arme sind ganz schwer und meine Beine sind ganz schwer."**

Wenn du die Übung beenden willst, öffnest du deine Augen, atmest tief ein und aus und reckst und streckst dich wie eine Katze. Dann bist du wieder ganz wach.

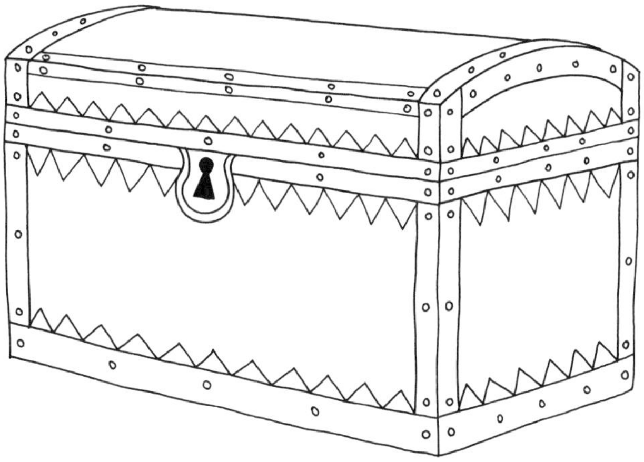

3 Wärme-Übung

Die Schüler breiten ihre Matten aus und legen das Kissen und die Decke darauf. Alle setzen sich auf ihre Matten.

Feedback-Blitzlicht

Beginnen Sie mit einem Blitzlicht, wie das Üben zu Hause funktioniert hat. Wie oft wurde geübt? Wie fühlte es sich im Körper an? Ging es leicht oder war etwas schwierig? Fragen Sie die bisher gelernten Zaubersprüche ab.

Bewegungsteil 1

(ausführliche Anleitung S. 16/17)

1. „Wer hat …?"-Spiel
2. Rumpf drehen
3. Hüfte kreisen
4. Schulter kreisen
5. Kopf drehen
6. Arme strecken
7. Arme und Beine ausschütteln
8. Sich wie ein nasser Hund schütteln

Entspannungsteil: Ruhe, Schwere und Wärme

Fragen Sie die Kinder, was „warm" bedeutet und wo im oder auf dem Körper sie „warm" spüren können. Bei Aufregung hat man z. B. kalte Finger, wenn man entspannt ist, fühlt man sich angenehm warm.

Üben Sie den dritten Zauberspruch **„Meine Arme sind ganz warm und meine Beine sind ganz warm"** einige Male laut mit den Kindern, damit der Satz während des AT mit der inneren Stimme richtig nachgesprochen werden kann.

Dunkeln Sie jetzt den Raum ab.

Entspannungsgeschichte: Schneemann bauen

Lege dich auf den Rücken. Deine Beine sind ausgestreckt und deine Füße zeigen nach außen. Deine Arme liegen ruhig neben deinem Körper. Die Handflächen zeigen nach oben oder unten. Mach es dir so ganz bequem.

Für das Üben im Sitzen am Tisch:

Lege deine Arme auf den Tisch und lege deinen Kopf auf deine Arme.

Für das Üben im Sitzen auf einem Stuhl:

Setze dich gerade auf deinen Stuhl, ohne die Lehne zu berühren. Deine Füße stehen etwas auseinander fest auf dem Boden. Lege deine Unterarme entspannt auf die Oberschenkel. Deine Hände hängen locker zwischen deinen Beinen. Atme tief ein und lasse beim Ausatmen deinen Oberkörper zusammensacken, bis du einen Widerstand in deinem Rücken spürst. Dein Kopf sinkt auf deine Brust.

Pause, bis alle in der Position liegen bzw. sitzen und bis Ruhe eingekehrt ist.

Schließe Deine Augen.

Kinder, die ihre Augen nicht schließen wollen, fixieren einen Punkt. Ihre Augen sollen dabei jedoch halb geschlossen sein.

Sage dir mit deiner inneren Stimme den **ersten** Zauberspruch:
Geräusche und Gedanken sind hinter den Schranken. (⏱ 8–10 Sek.)
Geräusche und Gedanken sind hinter den Schranken. (⏱ 8–10 Sek.)
Ich bin ganz ruhig. (⏱ 10 Sek.)
Ich bin ganz ruhig und entspannt. (⏱ 10 Sek.)
Sage mit deiner inneren Stimme:
Ich bin ganz ruhig und entspannt. (⏱ 10 Sek.)
Nun sagst du dir mit deiner inneren Stimme den **zweiten** Zauberspruch:
Meine Arme und meine Beine sind ganz schwer. (⏱ 10 Sek.)
Meine Arme und meine Beine sind ganz schwer. (⏱ 10 Sek.)
Meine Arme und meine Beine sind ganz schwer. (⏱ 10 Sek.)
Sage dir nun mit deiner inneren Stimme den **dritten** Zauberspruch:

3 Wärme-Übung

Meine Arme sind ganz warm. (10 Sek.)
Und meine Beine sind ganz warm. (10 Sek.)
Meine Arme sind ganz warm. (5 Sek.)
Und meine Beine sind ganz warm. (5 Sek.)
Meine Arme und meine Beine sind ganz warm. (10 Sek.)
Meine Arme und meine Beine sind ganz warm. (10 Sek.)
Meine Arme und meine Beine sind ganz schwer (2 Sek.) und ganz warm. (10 Sek.)
Sage dir mit deiner inneren Stimme:
Meine Arme und meine Beine sind ganz schwer (2 Sek.) und ganz warm. (10 Sek.)

Lausche nun der Geschichte.

Ab hier kann leise Entspannungsmusik im Hintergrund laufen.

Stelle dir vor (2 Sek.), es ist ein wunderschöner Wintertag. (2 Sek.)
Die Sonne scheint (2 Sek.) und der Himmel ist blau. (2 Sek.)
Du schaust in den Garten. (3 Sek.)
Über Nacht hat es geschneit. (2 Sek.)
Es liegt genug Schnee (2 Sek.), um einen großen Schneemann zu bauen. (2 Sek.)
Bevor du nach draußen gehst (2 Sek.), besorgst du dir einen alten Topf (2 Sek.), eine Karotte (2 Sek.) und fünf kleine, schwarze Steine. (5 Sek.)
Jetzt ziehst du dir deine Winterjacke (2 Sek.), deine Mütze (2 Sek.), deinen Schal (2 Sek.) und deine Handschuhe an. (4 Sek.)
Dann schlüpfst du in deine Stiefel (3–4 Sek.) und gehst nach draußen. (3 Sek.)
In deinem Garten (2 Sek.) suchst du dir einen Platz für deinen Schneemann aus. (3–4 Sek.)
Nun nimmst du eine kleine Menge Schnee (3 Sek.) und drückst und rollst sie mit deinen Händen so lange (2 Sek.), bis eine kleine Kugel entstanden ist. (5 Sek.)
Diese Kugel rollst du auf dem Schnee (2 Sek.), damit sie immer größer wird. (3 Sek.)
Am Anfang geht das Rollen ganz leicht. (3 Sek.)
Doch je größer die Kugel wird (2 Sek.), desto schwerer lässt sie sich rollen. (5 Sek.)
Du musst deine Beine fest in den Boden drücken (2 Sek.) und mit aller Kraft die dicke Kugel rollen. (5 Sek.)
Wenn du sie nicht mehr umarmen kannst (2 Sek.), ist sie fertig. (3 Sek.)
Mit ganz viel Kraft in deinen Armen (2 Sek.) und in deinen Beinen (2 Sek.) rollst du die Kugel an die Stelle, die du dir ausgesucht hast. (5 Sek.)
Nun nimmst du wieder eine kleine Menge Schnee in deine Hände (3 Sek.) und drückst und rollst sie so lange (2 Sek.), bis eine zweite kleine Kugel entstanden ist. (5 Sek.)
Diese Kugel rollst du auch auf dem Schnee (2 Sek.), damit sie immer größer wird. (3 Sek.)
Am Anfang geht das Rollen ganz leicht. (3 Sek.)
Aber je größer die Kugel wird (2 Sek.), desto schwerer lässt sie sich rollen. (5 Sek.)
Wenn sie so groß ist (2 Sek.), dass du sie gerade noch umarmen kannst (2 Sek.), ist sie fertig. (3 Sek.)
Nun rollst du sie zur großen Kugel. (3 Sek.)
Jetzt brauchst du noch einmal deine ganze Kraft aus den Armen (2 Sek.) und Beinen. (3 Sek.)
Geh in die Hocke (2 Sek.), hebe die Kugel hoch (2 Sek.) und setze sie auf die erste. (3 Sek.)
Puh, das war ziemlich schwer (2 Sek.) und anstrengend! (3 Sek.)
Für den Kopf des Schneemanns (2 Sek.) rollst du jetzt eine dritte Kugel. (7 Sek.)
Sie ist nicht mehr so groß (2 Sek.) und nicht mehr so schwer wie die anderen. (3 Sek.)
Aber du musst dich auf die Zehenspitzen stellen (2 Sek.), um sie auf die beiden anderen Kugeln zu setzen. (4–5 Sek.)
Gut gemacht! (2 Sek.)
Jetzt hat der Schneemann schon einen Körper und einen Kopf. (3 Sek.)
Doch etwas fehlt ihm noch. (2 Sek.)
Richtig! Ein Hut (2 Sek.), ein Gesicht (2 Sek.) und ein paar Knöpfe auf dem Bauch. (2 Sek.)

3 Wärme-Übung

Nimm den Topf (2 Sek.), reck dich nochmal ganz in die Höhe (2 Sek.) und setze ihn auf den Kopf des Schneemanns. (4 Sek.)
Jetzt nimmst du die Karotte (2 Sek.) und steckst sie als Nase in den Kopf. (3 Sek.)
Für die Augen steckst du jeweils einen schwarzen Stein (2 Sek.) links und rechts oberhalb der Karotte in das Gesicht des Schneemannes. (4 Sek.) Als Knöpfe steckst du die restlichen schwarzen Steine (2 Sek.) in den dicken Bauch des Schneemannes. (4 Sek.)
So sieht er prima aus. (2 Sek.)
Wenn du willst (2 Sek.), kannst du ihm auch noch Arme aus Schnee machen. (5 Sek.)
Du merkst, dass es ganz schön anstrengend ist, einen Schneemann zu bauen. (3 Sek.)
Nun ist es Zeit, sich auszuruhen. (3–4 Sek.)
Du schaust dir den Schneemann noch einmal an (4 Sek.) und gehst ins Haus zurück. (4 Sek.)
Im Haus ziehst du deine Wintersachen aus (5 Sek.) und machst es dir im Wohnzimmer gemütlich. (3 Sek.)
Im Kamin brennt ein warmes Feuer. (3 Sek.)
Und es ist angenehm warm im Zimmer. (3 Sek.) Du setzt dich in den großen (2 Sek.) weichen Ohrensessel am Fenster. (3 Sek.) Von dort aus kannst du deinen Schneemann im Garten sehen. (3 Sek.)
Schau, wie schön er geworden ist. (5 Sek.)
Du streckst die Beine aus (3 Sek.) und legst die Arme (2 Sek.) ganz entspannt auf die Armlehnen. (4 Sek.)
Du hast wirklich viel geschafft (2 Sek.) und einen tollen Schneemann gebaut. (3 Sek.)
Fühl einmal, wie schwer (3 Sek.) und warm (3 Sek.) deine Arme und deine Beine sind. (6 Sek.)
Ganz schwer (2 Sek.) und ganz warm. (4 Sek.)
Du bist ganz ruhig (2 Sek.) und entspannt. (4 Sek.)
Dein Atem geht ruhig (2 Sek.) und gleichmäßig (3 Sek.): ein und aus (3 Sek.), ein und aus. (10 Sek.)
Nach der anstrengenden Arbeit trinkst du einen warmen (2 Sek.), duftenden Kakao. (3 Sek.)
Fühlst du, wie der Kakao deinen Bauch wärmt? (4 Sek.)
Dein Bauch ist ganz warm (2 Sek.), strömend warm. (10 Sek.)
Du bist ganz ruhig und entspannt. (5 Sek.)
Auf deiner Stirn spürst du einen kleinen (2 Sek.), angenehm kühlen Lufthauch. (4 Sek.)
Deine Stirn ist angenehm kühl. (10 Sek.)
Schau noch eine Weile auf deinen Schneemann (2 Sek.) oder in das Feuer im Kamin. (4 Sek.)
Kannst du das brennende Holz knistern hören? (60 Sek.!)

Rücknahme

Ich zähle gleich bis drei. Bei drei öffnest du deine Augen, atmest tief ein und aus und reckst und streckst dich wie eine Katze.
Du bist wieder ganz wach im Hier und Jetzt.
Eins *(leise)* – zwei *(etwas lauter)* – drei! *(laut)*

Recken und strecken Sie sich selbst mit.

Wichtig: Lassen Sie den Kindern noch Zeit, um das Gefühl der Entspannung zu genießen und wieder ganz im Hier und Jetzt anzukommen.

Feedback-Blitzlicht

Die Kinder setzen sich auf. Fragen Sie jedes Kind nach seinen Erfahrungen und Erlebnissen während der Übung. So können Sie gut auf Unsicherheiten oder Probleme eingehen.

Bewegungsteil 2

(ausführliche Anleitung S. 18)
Führen Sie unbedingt die folgenden Übungen gemeinsam mit den Kindern im Stehen durch:
1. Hände reiben
2. Ohren kneten
3. Wachklopfen

Abschluss

Verteilen Sie die Merkblätter und besprechen Sie die Hausaufgabe mit den Kindern.

Kreativteil

Die Kinder malen und gestalten nun noch ihren ganz persönlichen Schneemann (Vorlage S. 35).

3 Schneemann bauen

3 Zauberspruch-Merkblatt

Hier ist dein dritter Zauberspruch:

„Meine Arme sind ganz warm und meine Beine sind ganz warm."

Lege dich auf den Rücken. Deine Arme liegen entspannt neben deinem Körper. Deine Beine sind ausgestreckt und deine Füße fallen locker nach außen.

Schließe deine Augen und sage dir mit deiner inneren Stimme ein paar Mal den ersten Zauberspruch:

1. **„Geräusche und Gedanken sind hinter den Schranken. Ich bin ganz ruhig."**

Danach sagst du dir mit deiner inneren Stimme jeweils ein paar Mal die weiteren Zaubersprüche:

2. **„Meine Arme sind ganz schwer und meine Beine sind ganz schwer."**

3. **„Meine Arme sind ganz warm und meine Beine sind ganz warm."**

Wenn du die Übung beenden willst, öffnest du deine Augen, atmest tief ein und aus und reckst und streckst dich wie eine Katze.Dann bist du wieder ganz wach.

4 Atem-Übung

Die Schüler breiten ihre Matten aus und legen das Kissen und die Decke darauf. Alle setzen sich auf ihre Matten.

Feedback-Blitzlicht

Beginnen Sie mit einem Blitzlicht, wie das Üben zu Hause funktioniert hat. Wie oft wurde geübt? Wie fühlte es sich im Körper an? Ging es leicht oder war etwas schwierig? Fragen Sie die bisher gelernten Zaubersprüche ab.

Bewegungsteil 1

(ausführliche Anleitung S. 16/17)

1. „Wer hat ...?"-Spiel
2. Rumpf drehen
3. Hüfte kreisen
4. Schulter kreisen
5. Kopf drehen
6. Arme strecken
7. Arme und Beine ausschütteln
8. Sich wie ein nasser Hund schütteln

Entspannungsteil: Ruhe, Schwere, Wärme und Atmung

Bitten Sie die Kinder, eine Hand auf ihren Bauch zu legen und zu spüren, wie der Atem den Bauch hebt und senkt. Bei Aufregung geht die Atmung schneller, wenn man entspannt ist, atmet man ruhig und gleichmäßig. Weisen Sie darauf hin, dass der Atemrhythmus nicht beeinflusst, sondern nur gefühlt werden soll. Atmen geht ganz automatisch.
Üben Sie den vierten Zauberspruch **„Mein Atem geht ruhig und gleichmäßig"** einige Male laut mit den Kindern, damit der Satz während des AT mit der inneren Stimme richtig nachgesprochen werden kann.

Dunkeln Sie jetzt den Raum ab.

Entspannungsgeschichte: Apfelernte

> Lege Dich auf den Rücken. Deine Beine sind ausgestreckt und Deine Füße zeigen nach außen. Deine Arme liegen ruhig neben Deinem Körper. Die Handflächen zeigen nach oben oder unten. Mach es dir so ganz bequem.

Für das Üben im Sitzen am Tisch:

> Lege deine Arme auf den Tisch und lege deinen Kopf auf deine Arme.

Für das Üben im Sitzen auf einem Stuhl:

> Setze dich gerade auf deinen Stuhl, ohne die Lehne zu berühren. Deine Füße stehen etwas auseinander fest auf dem Boden. Lege deine Unterarme entspannt auf die Oberschenkel. Deine Hände hängen locker zwischen deinen Beinen. Atme tief ein und lasse beim Ausatmen deinen Oberkörper zusammensacken, bis du einen Widerstand in deinem Rücken spürst. Dein Kopf sinkt auf deine Brust.

Pause, bis alle in der Position liegen bzw. sitzen und bis Ruhe eingekehrt ist.

> Schließe Deine Augen.

Kinder, die ihre Augen nicht schließen wollen, fixieren einen Punkt. Ihre Augen sollen dabei jedoch halb geschlossen sein.

> Sage dir mit deiner inneren Stimme den **ersten** Zauberspruch:
> Geräusche und Gedanken sind hinter den Schranken. (4–5 Sek.)
> Geräusche und Gedanken sind hinter den Schranken. (4–5 Sek.)
> Ich bin ganz ruhig. (10 Sek.)
> Ich bin ganz ruhig und entspannt. (10 Sek.)
> Ich bin ganz ruhig und entspannt. (10 Sek.)
> Nun sagst du dir mit deiner inneren Stimme den **zweiten** Zauberspruch:
> Meine Arme und meine Beine sind ganz schwer. (10 Sek.)
> Meine Arme und meine Beine sind ganz schwer. (10 Sek.)
> Meine Arme und meine Beine sind ganz schwer. (10 Sek.)
> Sage dir nun mit deiner inneren Stimme den **dritten** Zauberspruch:

4 Atem-Übung

Meine Arme und meine Beine sind ganz warm. (10 Sek.)
Meine Arme und meine Beine sind ganz warm. (10 Sek.)
Meine Arme und meine Beine sind ganz schwer (2 Sek.) und ganz warm. (10 Sek.)
Meine Arme und meine Beine sind ganz schwer (2 Sek.) und ganz warm. (10 Sek.)
Nun sagst du mit deiner inneren Stimme den **vierten** Zauberspruch:
Mein Atem geht ruhig und gleichmäßig. (10 Sek.)
Mein Atem geht ruhig und gleichmäßig. (10 Sek.)
Mein Atem geht ruhig und gleichmäßig. (10 Sek.)
Sage dir mit deiner inneren Stimme:
Mein Atem geht ruhig und gleichmäßig. (10 Sek.)

Lausche nun der Geschichte.

Ab hier kann leise Entspannungsmusik im Hintergrund laufen.

Stelle dir vor (2 Sek.), du hast einen großen Garten (2 Sek.) mit vielen Apfelbäumen. (3 Sek.)
Die Bäume hängen voller roter Äpfel. (2–3 Sek.)
Einige Äpfel sind schon heruntergefallen (2 Sek.) und liegen auf der Wiese. (3 Sek.)
Diese Äpfel sind reif und müssen eingesammelt werden. (2 Sek.)
Es ist ein schöner (2 Sek.), warmer Tag. (2 Sek.)
Der Himmel ist blau (2 Sek.) und die Sonne scheint angenehm warm. (3 Sek.)
An so einem schönen Tag macht die Apfelernte Spaß. (3 Sek.)
Du gehst zu dem Schuppen in deinem Garten (3 Sek.) und holst dir zwei große Eimer. (2 Sek.)
Dann sammelst du erst einmal die Äpfel auf (2 Sek.), die auf dem Boden liegen. (4 Sek.)
Lege sie vorsichtig in deine Eimer. (5 Sek.)
Wenn die Eimer voll sind (2 Sek.), trägst du sie zu dem Schuppen. (5 Sek.)

„Puh! (2 Sek.) Äpfel sind ganz schön schwer!", denkst du (2 Sek.) und fühlst, wie schwer die vollen Eimer an deinen Armen hängen. (4 Sek.)
Du musst deine Armmuskeln (2 Sek.) ganz stark anspannen. (3 Sek.)
Deine Beinmuskeln (2 Sek.) sind beim Gehen auch ganz angespannt (3 Sek.) und du kommst mit den schweren Eimern (2 Sek.) nur langsam voran. (4 Sek.)
Vor dem Schuppen steht eine große Holzkiste. Du legst die Äpfel aus den Eimern in die Holzkiste (2 Sek.), ganz vorsichtig, damit sie keine Druckstellen bekommen. (4 Sek.)
Nun gehst du mit den leeren Eimern (2 Sek.) zurück zu den Apfelbäumen. (3 Sek.)
Du sammelst die nächsten Äpfel vom Boden auf (2 Sek.) und legst sie in die Eimer. (4 Sek.)
Die vollen Eimer trägst du wieder zum Schuppen. (4 Sek.)
Du merkst, wie schwer (2 Sek.) die Eimer wieder sind (2 Sek.).
Deine Arme (2 Sek.) und deine Beine (2 Sek.) sind schon ganz schwer (3 Sek.) und ganz warm. (5 Sek.)
Nun legst du die Äpfel vorsichtig zu den anderen in die Holzkiste. (4 Sek.)
Geh noch ein paar Mal hin und her, bis du alle Äpfel eingesammelt (2 Sek.) und in die Holzkiste gelegt hast. (10 Sek.)
Gut gemacht! (2 Sek.)
Für heute ist die Arbeit getan (2 Sek.) und du kannst dich in der Sonne ausruhen. (4 Sek.)
Such dir ein schönes Plätzchen in deinem Garten (2 Sek.) und breite dort eine Decke aus. (4 Sek.)
Nun legst du dich mit dem Rücken auf die Decke (2 Sek.) und streckst deine Beine aus. (3 Sek.)
Deine Arme legst du ganz locker neben deinen Körper. (4 Sek.)
Du bist ganz ruhig (2 Sek.) und entspannt (3 Sek.) und schließt deine Augen. (5 Sek.)
Fühl einmal, wie schwer (2 Sek.) und warm (2 Sek.) deine Arme (2 Sek.) und deine Beine sind. (5 Sek.)

4 Atem-Übung

Und wie gut es tut (2 Sek.), einfach ganz ruhig (2 Sek.) auf der Wiese zu liegen. (5 Sek.)
Dein Atem geht ruhig (2 Sek.) und gleichmäßig (3 Sek.): ein und aus (3 Sek.), ein und aus. (10 Sek.)
Die Sonne scheint ganz warm (2 Sek.) auf deinen Bauch. (5 Sek.)
Dein Bauch ist ganz warm (2 Sek.), strömend warm. (8 Sek.)
Deine Arme und Beine sind schwer (2 Sek.) und warm. (4 Sek.)
Dein Atem geht ruhig (2 Sek.) und gleichmäßig. (4 Sek.)
Dein Bauch ist strömend warm. (4 Sek.)
Im Garten weht ein schwacher (2 Sek.), erfrischender Wind. (4 Sek.)
Du fühlst ihn angenehm kühl (2 Sek.) auf deiner Stirn. (3 Sek.)
Deine Stirn ist angenehm kühl. (10 Sek.)
Da merkst du etwas Warmes an deiner Seite. (2 Sek.)
Eine kleine Katze (2 Sek.) kuschelt sich ganz eng an dich. (4 Sek.)
Sie schnurrt leise (3 Sek.) und du kannst ihren Atem hören. (2 Sek.)
Sie atmet ganz gleichmäßig (2 Sek.) ein und aus (2 Sek.), ein und aus. (2 Sek.)
Fühl einmal, wie warm (3 Sek.) und weich ihr Fell ist. (5 Sek.)
Wie sieht deine Katze aus? (3 Sek.)
Welche Farbe hat ihr Fell? (3 Sek.)
Zusammen liegt ihr ganz ruhig (2 Sek.) und entspannt in der Sonne. (5 Sek.)
Hör noch ein wenig dem Schnurren der Katze zu. (60 Sek.!)

Nun wird es Zeit, den Garten wieder zu verlassen. (3 Sek.)
Du verabschiedest dich von der Katze (3 Sek.) und winkst ihr noch einmal zu. (2 Sek.)
Du weißt (2 Sek.), du kannst jederzeit (2 Sek.) wieder in deinen Garten zurückgehen (2 Sek.) und die Katze besuchen. (3–4 Sek.)

Rücknahme

Ich zähle gleich bis drei. Bei drei öffnest du deine Augen, atmest tief ein und aus und reckst und streckst dich wie eine Katze.
Du bist wieder ganz wach im Hier und Jetzt.
Eins *(leise)* – zwei *(etwas lauter)* – drei! *(laut)*

Recken und strecken Sie sich selbst mit.

Wichtig: Lassen Sie den Kindern noch Zeit, um das Gefühl der Entspannung zu genießen und wieder ganz im Hier und Jetzt anzukommen.

Feedback-Blitzlicht

Die Kinder setzen sich auf. Fragen Sie jedes Kind nach seinen Erfahrungen und Erlebnissen während der Übung. So können Sie gut auf Unsicherheiten oder Probleme eingehen.

Bewegungsteil 2

(ausführliche Anleitung S. 18)
Führen Sie unbedingt die folgenden Übungen gemeinsam mit den Kindern im Stehen durch:

1. Hände reiben
2. Ohren kneten
3. Wachklopfen

Abschluss

Verteilen Sie die Merkblätter und besprechen Sie die Hausaufgabe mit den Kindern.

Kreativteil

Die Kinder können nun noch ihre ganz persönliche Katze (Vorlage S. 40) malen.

4 Katze

4 Zauberspruch-Merkblatt

Hier ist dein vierter Zauberspruch:

„Mein Atem geht ruhig und gleichmäßig."

Lege dich auf den Rücken. Deine Arme liegen entspannt neben deinem Körper. Deine Beine sind ausgestreckt und deine Füße fallen locker nach außen.

Schließe deine Augen und sage dir mit deiner inneren Stimme ein paar Mal den ersten Zauberspruch:

1. **„Geräusche und Gedanken sind hinter den Schranken. Ich bin ganz ruhig."**

Danach sagst du dir mit deiner inneren Stimme jeweils ein paar Mal die weiteren Zaubersprüche:

2. **„Meine Arme sind ganz schwer und meine Beine sind ganz schwer."**

3. **„Meine Arme sind ganz warm und meine Beine sind ganz warm."**

4. **„Mein Atem geht ruhig und gleichmäßig."**

Wenn du die Übung beenden willst, öffnest du deine Augen, atmest tief ein und aus und reckst und streckst dich wie eine Katze. Dann bist du wieder ganz wach.

5 Bauch-Übung

Die Schüler breiten ihre Matten aus und legen das Kissen und die Decke darauf. Alle setzen sich auf ihre Matten.

Feedback-Blitzlicht

Beginnen Sie mit einem Blitzlicht, wie das Üben zu Hause funktioniert hat. Wie oft wurde geübt? Wie fühlte es sich im Körper an? Ging es leicht oder war etwas schwierig? Fragen Sie die bisher gelernten Zaubersprüche ab.

Bewegungsteil 1

(ausführliche Anleitung S. 16/17)

1. „Wer hat …?"-Spiel
2. Rumpf drehen
3. Hüfte kreisen
4. Schulter kreisen
5. Kopf drehen
6. Arme strecken
7. Arme und Beine ausschütteln
8. Sich wie ein nasser Hund schütteln

Entspannungsteil: Ruhe, Schwere, Wärme, Atmung und Bauch

Bitten Sie die Kinder, sich vorzustellen, wie die Sonne auf ihren Bauch scheint. Danach versuchen die Kinder, die Wärme in ihrem Bauch zu fühlen. Alternativ oder zusätzlich können die Kinder sich auch eine Wärmflasche auf ihrem Bauch vorstellen und versuchen, die Wärme des Bauches zu fühlen. Weisen Sie darauf hin, dass Wärme entspannt. Die Motive „Wärmflasche" (S. 46) und „Sonne" (S. 47) können Sie als Symbol für Entspannung später im Klassenraum platzieren.
Üben Sie den fünften Zauberspruch **„Mein Bauch ist ganz warm, strömend warm"** einige Male laut mit den Kindern, damit der Satz während des AT mit der inneren Stimme richtig nachgesprochen werden kann.

Dunkeln Sie jetzt den Raum ab.

Entspannungsgeschichte: Teich bauen

> Lege Dich auf den Rücken. Deine Beine sind ausgestreckt und deine Füße zeigen nach außen. Deine Arme liegen ruhig neben deinem Körper. Die Handflächen zeigen nach oben oder unten. Mach es dir so ganz bequem.

Für das Üben im Sitzen am Tisch:

> Lege deine Arme auf den Tisch und lege deinen Kopf auf deine Arme.

Für das Üben im Sitzen auf einem Stuhl:

> Setze dich gerade auf deinen Stuhl, ohne die Lehne zu berühren. Deine Füße stehen etwas auseinander fest auf dem Boden. Lege deine Unterarme entspannt auf die Oberschenkel. Deine Hände hängen locker zwischen deinen Beinen. Atme tief ein und lasse beim Ausatmen deinen Oberkörper zusammensacken, bis du einen Widerstand in deinem Rücken spürst. Dein Kopf sinkt auf deine Brust.

Pause, bis alle in der Position liegen bzw. sitzen und bis Ruhe eingekehrt ist.

> Schließe Deine Augen.

Kinder, die ihre Augen nicht schließen wollen, fixieren einen Punkt. Ihre Augen sollen dabei jedoch halb geschlossen sein.

> Sage dir mit deiner inneren Stimme den **ersten** Zauberspruch:
> Geräusche und Gedanken sind hinter den Schranken. (4–5 Sek.)
> Geräusche und Gedanken sind hinter den Schranken. (4–5 Sek.)
> Ich bin ganz ruhig. (10 Sek.)
> Ich bin ganz ruhig und entspannt. (10 Sek.)
> Nun sagst du dir mit deiner inneren Stimme den **zweiten** Zauberspruch:
> Meine Arme und meine Beine sind ganz schwer. (10 Sek.)
> Meine Arme und meine Beine sind ganz schwer. (10 Sek.)
> Sage dir nun mit deiner inneren Stimme den **dritten** Zauberspruch:
> Meine Arme und meine Beine sind ganz warm. (10 Sek.)

5 Bauch-Übung

Meine Arme und meine Beine sind ganz warm. (⏱ 10 Sek.)
Meine Arme und meine Beine sind ganz schwer und ganz warm. (⏱ 10 Sek.)
Nun sagst du mit deiner inneren Stimme den **vierten** Zauberspruch:
Mein Atem geht ruhig und gleichmäßig. (⏱ 10 Sek.)
Mein Atem geht ruhig und gleichmäßig. (⏱ 10 Sek.)
Mein Atem geht ruhig und gleichmäßig. (⏱ 10 Sek.)
Sage dir nun mit deiner inneren Stimme den **fünften** Zauberspruch:
Mein Bauch ist ganz warm, strömend warm. (⏱ 10 Sek.)
Mein Bauch ist ganz warm, strömend warm. (⏱ 10 Sek.)
Mein Bauch ist ganz warm, strömend warm. (⏱ 10 Sek.)
Sage dir mit deiner inneren Stimme:
Mein Bauch ist ganz warm, strömend warm. (⏱ 10 Sek.)

Lausche nun der Geschichte.

Ab hier kann leise Entspannungsmusik im Hintergrund laufen.

Stelle dir vor (⏱ 2 Sek.), es ist ein schöner Frühlingstag. (⏱ 2 Sek.)
Die Sonne scheint warm (⏱ 2 Sek.) und der Himmel ist blau. (⏱ 2 Sek.)
Heute willst du in deinem Garten (⏱ 2 Sek.) einen großen Teich anlegen. (⏱ 2–3 Sek.)
Schau dich in deinem Garten um. (⏱ 4 Sek.)
Wo ist der beste Platz für den Teich? (⏱ 3 Sek.)
Ist er in der Mitte deines Gartens (⏱ 2 Sek.) oder mehr am Rand? (⏱ 2–3 Sek.)
Wenn du den passenden Platz gefunden hast (⏱ 2 Sek.), geht die Arbeit los. (⏱ 3 Sek.)
Du gehst zu dem Schuppen in deinem Garten (⏱ 2 Sek.) und holst eine Schaufel (⏱ 2 Sek.) und eine Schubkarre heraus. (⏱ 4 Sek.)
Dann beginnst du, an der Stelle, an der dein Teich später sein soll, zu graben. (⏱ 2 Sek.)
Du stichst die Schaufel (⏱ 2 Sek.) ein Stück in den Erdboden (⏱ 2 Sek.), stellst einen Fuß auf die Schaufel (⏱ 2 Sek.) und trittst mit aller Kraft (⏱ 2 Sek.) die Schaufel ganz tief in den Boden. (⏱ 3 Sek.) Gut so! (⏱ 2 Sek.)
Jetzt holst du mit der Schaufel die Erde heraus (⏱ 2 Sek.) und lädst sie in die Schubkarre. (⏱ 3 Sek.)
Dann stichst du wieder die Schaufel in den Boden (⏱ 2 Sek.), stellst einen Fuß auf die Schaufel (⏱ 2 Sek.) und trittst ganz kräftig (⏱ 2 Sek.) die Schaufel tiefer in den Boden. (⏱ 3 Sek.)
Jetzt holst du die Erde heraus (⏱ 2 Sek.) und gibst sie auch in die Schubkarre. (⏱ 3 Sek.)
Du siehst (⏱ 2 Sek.), wie dein Loch schon größer geworden ist. (⏱ 2 Sek.)
Doch es ist noch viel zu klein für deinen großen Teich. (⏱ 2 Sek.)
Deshalb gräbst du weiter (⏱ 2 Sek.) und weiter. (⏱ 4 Sek.)
Du holst immer mehr Erde aus dem Boden (⏱ 3 Sek.) und gibst sie in die Schubkarre. (⏱ 4 Sek.)
Je tiefer du gräbst (⏱ 2 Sek.), desto schwerer wird es. (⏱ 3 Sek.)
Du brauchst ganz viel Kraft in deinen Armen (⏱ 2 Sek.) und in deinen Beinen. (⏱ 2 Sek.)
Du spürst, wie schwer (⏱ 2 Sek.) und warm (⏱ 2 Sek.) sich deine Arme (⏱ 2 Sek.) und deine Beine anfühlen. (⏱ 3–4 Sek.)
Jetzt musst du die volle Schubkarre (⏱ 2 Sek.) erst einmal an den Rand deines Gartens bringen (⏱ 3 Sek.) und dort ausleeren. (⏱ 3 Sek.)
„So viel Erde ist ganz schön schwer!", denkst du. (⏱ 2 Sek.)
Deine Armmuskeln (⏱ 2 Sek.) und deine Beinmuskeln (⏱ 2 Sek.) sind ganz angespannt. (⏱ 3–4 Sek.)
Du kannst die schwere Schubkarre nur langsam vorwärtsschieben. (⏱ 3–4 Sek.)
Am Rand des Gartens angekommen (⏱ 2 Sek.), leerst du die Schubkarre (⏱ 2 Sek.) und fährst sie wieder zurück zu der Stelle, an der du weiter graben willst. (⏱ 3 Sek.)
Nun gräbst du tiefer (⏱ 2 Sek.) und tiefer (⏱ 2 Sek.) und holst immer mehr Erde aus dem Boden. (⏱ 3–4 Sek.)

5 Bauch-Übung

Immer, wenn die Schubkarre voll ist (2 Sek.), schiebst du sie zum Rand deines Gartens (2 Sek.) und leerst sie dort aus. (5 Sek.)
Das ist ganz schön anstrengend (2 Sek.) und du merkst, wie schwer (2 Sek.) und wie warm (2 Sek.) sich deine Arme (2 Sek.) und deine Beine anfühlen. (4 Sek.)
Grabe das Loch jetzt so tief (2 Sek.) und so groß, wie dein Teich werden soll. (12–15 Sek.)
Prima, du hast es geschafft! (2 Sek.)
Das Loch für deinen Teich ist nun fertig. (2 Sek.)
Jetzt bringst du die Schaufel und die Schubkarre zurück (2 Sek.) und holst dir eine große Folie aus dem Schuppen. (3–4 Sek.)
Du breitest die Folie in dem Loch aus, damit das Wasser später nicht in der Erde versickert. (3–4 Sek.)
Den Rand der Folie (2 Sek.) musst du mit schweren Steinen befestigen. (2 Sek.)
Schau dich in deinem Garten um (2 Sek.) und suche die passenden Steine. (4 Sek.)
Die Steine sind so groß (2 Sek.) und so schwer (2 Sek.), dass du immer nur einen tragen kannst. (2 Sek.)
Mit ganz viel Kraft hebst du den ersten Stein hoch (2 Sek.) und trägst ihn zu der Folie. (3–4 Sek.)
Nun legst du den Stein ganz vorsichtig (2 Sek.), damit die Folie nicht kaputtgeht (2 Sek.), auf den Rand der Folie. (2 Sek.)
Das ist ganz schön anstrengend für deine Arme (2 Sek.) und für deine Beine. (2 Sek.)
Deine Arme (2 Sek.) und deine Beine (2 Sek.) sind ganz schwer (2 Sek.) und ganz warm vom Tragen. (3–4 Sek.)
Leg jetzt noch ein paar Steine auf die Folie. (10–12 Sek.) Sehr gut. (2 Sek.)
Jetzt holst du den Gartenschlauch (2 Sek.) und füllst deinen Teich mit Wasser. (6–8 Sek.)
Dann setzt du noch ein paar Fische in deinen Teich. (3–4 Sek.)
Nun ist es Zeit, dich auszuruhen. (2 Sek.)
Du holst eine Liege aus dem Schuppen (2 Sek.) und stellst sie neben deinen Teich. (3 Sek.)
Dann legst du dich mit dem Rücken auf die Liege (2 Sek.) und streckst deine Beine aus. (3 Sek.)
Deine Arme legst du ganz locker neben deinen Körper auf die Liege. (4 Sek.)
Du bist ganz ruhig und entspannt (4 Sek.) und schließt deine Augen. (5 Sek.)
Fühl einmal, wie schwer (2 Sek.) und warm (2 Sek.) deine Arme (2 Sek.) und deine Beine sind. (5 Sek.)
Fühl, wie gut es tut (2 Sek.), einfach ganz ruhig (2 Sek.) auf der Liege in der warmen Sonne zu liegen. (5 Sek.)
Dein Atem geht ruhig (2 Sek.) und gleichmäßig (3 Sek.): ein und aus (3 Sek.), ein und aus. (10 Sek.)
Die Sonne scheint ganz warm (2 Sek.) auf deinen Bauch. (5 Sek.)
Dein Bauch ist ganz warm (2 Sek.), strömend warm. (8 Sek.)
Du bist ganz ruhig und entspannt. (4 Sek.)
Im Garten weht ein sanfter (2 Sek.), kühler Wind. (4 Sek.)
Du fühlst ihn angenehm kühl (2 Sek.) auf deiner Stirn. (3 Sek.)
Deine Stirn ist angenehm kühl. (10 Sek.)
Ruh dich noch ein Weilchen aus (2 Sek.) und lausche auf die Geräusche in deinem Garten. (3 Sek.)
Hörst du die Vögel zwitschern? (4 Sek.)
Lässt der kleine Wind die Blätter in den Bäumen rascheln? (3 Sek.)
Vielleicht hörst du auch schon einen Frosch (2 Sek.), der sich auf den Weg zu deinem Teich macht. (60 Sek.!)

Nun wird es Zeit, nach Hause zu gehen. (2 Sek.)
Du weißt, dass du jederzeit wieder in deinen Garten und zu deinem Teich gehen kannst. (2 Sek.)
Vielleicht bringst du das nächste Mal ein paar Wasserpflanzen mit. (5 Sek.)

5 Bauch-Übung

Rücknahme

Ich zähle gleich bis drei. Bei drei öffnest du deine Augen, atmest tief ein und aus und reckst und streckst dich wie eine Katze.
Du bist wieder ganz wach im Hier und Jetzt.
Eins *(leise)* – zwei *(etwas lauter)* – drei! *(laut)*

Recken und strecken Sie sich selbst mit.

Wichtig: Lassen Sie den Kindern noch Zeit, um das Gefühl der Entspannung zu genießen und wieder ganz im Hier und Jetzt anzukommen.

Feedback-Blitzlicht

Die Kinder setzen sich auf. Fragen Sie jedes Kind nach seinen Erfahrungen und Erlebnissen während der Übung. So können Sie gut auf Unsicherheiten oder Probleme eingehen.

Bewegungsteil 2

(ausführliche Anleitung S. 18)
Führen Sie unbedingt die folgenden Übungen gemeinsam mit den Kindern im Stehen durch:

1. Hände reiben
2. Ohren kneten
3. Wachklopfen

Abschluss

Verteilen Sie die Merkblätter und besprechen Sie die Hausaufgabe mit den Kindern.

Kreativteil

Im Anschluss können die Kinder den Fisch (Vorlage S. 48) noch farbig gestalten. Wärmflasche und Sonne (Vorlagen S. 46/47) können für das Üben zu Hause ausgemalt werden.

5 Wärmflasche

5 Sonne

5 Fisch

© Verlag an der Ruhr | Autorin: Susanne Schaadt | ISBN 978-3-8346-3574-7 | www.verlagruhr.de

5 Zauberspruch-Merkblatt

Hier ist dein fünfter Zauberspruch:

„Mein Bauch ist ganz warm, strömend warm."

Lege dich auf den Rücken. Deine Arme liegen entspannt neben deinem Körper. Deine Beine sind ausgestreckt und deine Füße fallen locker nach außen.

Schließe deine Augen und sage dir mit deiner inneren Stimme ein paar Mal den ersten Zauberspruch:

1. **„Geräusche und Gedanken sind hinter den Schranken! Ich bin ganz ruhig."**

Danach sagst du dir mit deiner inneren Stimme jeweils ein paar Mal die weiteren Zaubersprüche:

2. **„Meine Arme sind ganz schwer und meine Beine sind ganz schwer."**

3. **„Meine Arme sind ganz warm und meine Beine sind ganz warm."**

4. **„Mein Atem geht ruhig und gleichmäßig."**

5. **„Mein Bauch ist ganz warm, strömend warm."**

Wenn du die Übung beenden willst, öffnest du deine Augen, atmest tief ein und aus und reckst und streckst dich wie eine Katze. Dann bist du wieder ganz wach.

6 Stirn-Übung

Die Schüler breiten ihre Matten aus und legen das Kissen und die Decke darauf. Alle setzen sich auf ihre Matten.

Feedback-Blitzlicht

Beginnen Sie mit einem Blitzlicht, wie das Üben zu Hause funktioniert hat. Wie oft wurde geübt? Wie fühlte es sich im Körper an? Ging es leicht oder war etwas schwierig? Fragen Sie die bisher gelernten Zaubersprüche ab.

Bewegungsteil 1

(ausführliche Anleitung S.16/17)

1. „Wer hat ...?"-Spiel
2. Rumpf drehen
3. Hüfte kreisen
4. Schulter kreisen
5. Kopf drehen
6. Arme strecken
7. Arme und Beine ausschütteln
8. Sich wie ein nasser Hund schütteln

Entspannungsteil: Ruhe, Schwere, Wärme, Atmung, Bauch und kühle Stirn

Erzählen Sie den Kindern, dass man nur mit einem „kühlen" Kopf gut denken an. Weisen Sie die Kinder unbedingt darauf hin, dass es „kühl" und nicht „kalt" heißen muss. Das Wort „kalt" kann Kopfschmerzen und Migräne hervorrufen. Üben Sie den sechsten und letzten Zauberspruch **„Meine Stirn ist angenehm kühl"** einige Male laut mit den Kindern, damit der Satz während des AT mit der inneren Stimme richtig nachgesprochen werden kann.

Dunkeln Sie jetzt den Raum ab.

Entspannungsgeschichte:
Schwimmen mit dem Delfin

> Lege Dich auf den Rücken. Deine Beine sind ausgestreckt und Deine Füße zeigen nach außen. Deine Arme liegen ruhig neben deinem Körper. Die Handflächen zeigen nach oben oder unten. Mach es dir so ganz bequem.

Für das Üben im Sitzen am Tisch:

> Lege deine Arme auf den Tisch und lege deinen Kopf auf deine Arme.

Für das Üben im Sitzen auf einem Stuhl:

> Setze dich gerade auf deinen Stuhl, ohne die Lehne zu berühren. Deine Füße stehen etwas auseinander fest auf dem Boden. Lege deine Unterarme entspannt auf die Oberschenkel. Deine Hände hängen locker zwischen deinen Beinen. Atme tief ein und lasse beim Ausatmen deinen Oberkörper zusammensacken, bis du einen Widerstand in deinem Rücken spürst. Dein Kopf sinkt auf deine Brust.

Pause, bis alle in der Position liegen bzw. sitzen und bis Ruhe eingekehrt ist.

> Schließe Deine Augen.

Kinder, die ihre Augen nicht schließen wollen, fixieren einen Punkt. Ihre Augen sollen dabei jedoch halb geschlossen sein.

> Sage dir mit deiner inneren Stimme den **ersten** Zauberspruch:
> Geräusche und Gedanken sind hinter den Schranken. (4–5 Sek.)
> Geräusche und Gedanken sind hinter den Schranken. (4–5 Sek.)
> Ich bin ganz ruhig. (10 Sek.)
> Ich bin ganz ruhig und entspannt. (10 Sek.)
> Nun sagst du dir mit deiner inneren Stimme den **zweiten** Zauberspruch:
> Meine Arme und meine Beine sind ganz schwer. (10 Sek.)
> Meine Arme und meine Beine sind ganz schwer. (10 Sek.)
> Sage dir nun mit deiner inneren Stimme den **dritten** Zauberspruch:
> Meine Arme und meine Beine sind ganz warm. (10 Sek.)

6 Stirn-Übung

Meine Arme und meine Beine sind ganz warm. (10 Sek.)
Meine Arme und meine Beine sind ganz schwer und ganz warm. (10 Sek.)
Nun sagst du mit deiner inneren Stimme den **vierten** Zauberspruch:
Mein Atem geht ruhig und gleichmäßig. (10 Sek.)
Mein Atem geht ruhig und gleichmäßig. (10 Sek.)
Mein Atem geht ruhig und gleichmäßig. (10 Sek.)
Sage dir nun mit deiner inneren Stimme den **fünften** Zauberspruch:
Mein Bauch ist ganz warm, strömend warm. (10 Sek.)
Mein Bauch ist ganz warm, strömend warm. (10 Sek.)
Mein Bauch ist ganz warm, strömend warm. (10 Sek.)
Nun sagst du dir mit deiner inneren Stimme den **sechsten** Zauberspruch
Meine Stirn ist angenehm kühl. (10 Sek.)
Meine Stirn ist angenehm kühl. (10 Sek.)
Meine Stirn ist angenehm kühl. (10 Sek.)
Sage dir mit deiner inneren Stimme:
Meine Stirn ist angenehm kühl. (10 Sek.)

Lausche nun der Geschichte.

Ab hier kann leise Entspannungsmusik im Hintergrund laufen.

Stelle dir vor (2 Sek.), in deinem Briefkasten liegt ein Brief an dich. (2 Sek.)
Der alte Kapitän Jan Seebär (2 Sek.) lädt dich zu einem neuen Ausflug auf sein Schiff ein. (3 Sek.)
Du nimmst deine Badesachen (2 Sek.) und gehst zum Hafen. (2 Sek.)
Von weitem kannst du schon das große Schiff sehen (2 Sek.) und auch ein paar Kinder. (3 Sek.)
Einige Kinder kennst du (2 Sek.), andere Kinder sind dir fremd. (2 Sek.)
Nachdem ihr alle an Bord gegangen seid (3 Sek.), legt das Schiff ab. (3 Sek.)
Wie immer tutet Kapitän Seebär noch einmal zum Abschied. (2 Sek.)

Es ist ein wunderschöner Sommertag (2 Sek.) und die Sonne scheint ganz warm. (3 Sek.)
Das Meer ist ruhig (2 Sek.) und du siehst viele Möwen, die das Schiff begleiten. (3 Sek.)
Du bist neugierig, wohin die Reise dieses Mal geht. (2 Sek.)
Nach einer Weile siehst du in der Ferne (2 Sek.) eine Insel auftauchen. (4 Sek.)
Noch ist sie nur ein kleiner Punkt am Horizont. (2 Sek.)
Je näher das Schiff an die Insel fährt (2 Sek.), desto mehr kannst du von der Insel sehen. (3 Sek.)
Sie hat einen langen (2 Sek.) weißen Sandstrand (2 Sek.) und hinter den Dünen (2 Sek.) kannst du einen Wald erkennen. (4 Sek.)
Kapitän Seebär legt sicher an der Insel an (2 Sek.) und du gehst zusammen mit den anderen Kindern an Land. (3 Sek.)
Der Sand fühlt sich unter deinen Füßen (2 Sek.) wunderbar warm (2 Sek.) und weich an. (3 Sek.)
Kannst du die Meereswellen hören (2 Sek.), wie sie leise an den Strand plätschern? (3–4 Sek.)
Du schaust weit hinaus auf das Meer. (3 Sek.)
Das Wasser ist wunderschön blau (2 Sek.) und glitzert in der Sonne. (2 Sek.)
Weit draußen im Meer (2 Sek.) siehst du ein paar Delfine aus dem Wasser herausspringen (2 Sek.) und ein Stück durch die Luft fliegen (2 Sek.), bevor sie wieder ins Wasser tauchen. (4 Sek.)
Es sieht lustig aus, wie die Delfine (2 Sek.) in der Luft tanzen (2 Sek.) und sich drehen. (2 Sek.)
Schau, wie sie spielen! (4 Sek.)
Du hast auch Lust, zu schwimmen. (2 Sek.)
Du ziehst deine Badesachen an (3 Sek.) und läufst ins Wasser. (3 Sek.)
Das Wasser ist warm (2 Sek.), angenehm warm. (2 Sek.)
Du legst dich auf den Rücken (3 Sek.), machst die Augen zu (2 Sek.) und lässt dich von den Wellen tragen. (4 Sek.)

6 Stirn-Übung

Dann spürst du einen kleinen Stups an deinem Arm. (🕑 2 Sek.)
Du machst die Augen auf (🕑 2 Sek.) und siehst einen kleinen Delfin neben dir schwimmen. (🕑 3 Sek.)
Er lächelt dich an (🕑 2 Sek.) und stupst dich noch einmal. (🕑 2 Sek.)
Der kleine Delfin will mit dir spielen. (🕑 2 Sek.)
Du fasst mit deiner Hand fest seine Rückenflosse (🕑 2 Sek.) und schon zieht er dich durch das Wasser. (🕑 4 Sek.)
Der kleine Delfin schwimmt sehr schnell. (🕑 2 Sek.)
Es ist für dich ganz schön schwer (🕑 2 Sek.), dich an der Rückenflosse festzuhalten. (🕑 3 Sek.)
Du merkst, (🕑 2 Sek.) wie viel Kraft du in deinem Arm (🕑 2 Sek.) und in deiner Hand brauchst. (🕑 3 Sek.)
Dann bittet der kleine Delfin dich, (🕑 2 Sek.), auf seinem Rücken Platz zu nehmen. (🕑 2 Sek.)
Du kletterst auf seinen Rücken (🕑 2 Sek.) und hältst dich mit beiden Händen (🕑 2 Sek.) an der Rückenflosse fest. (🕑 3 Sek.)
Deine Beine (🕑 2 Sek.) hast du ganz fest um seinen Körper geschlungen (🕑 2 Sek.), damit du nicht herunterfällst. (🕑 3 Sek.)
Dann schwimmt der kleine Delfin los durch die Wellen. (🕑 3 Sek.)
Ein paar Möwen begleiten euch am Himmel. (🕑 2 Sek.)
Der kleine Delfin springt mit dir durch die Luft. (🕑 2 Sek.)
Du spannst deine Armmuskeln (🕑 2 Sek.) und deine Beinmuskeln (🕑 2 Sek.) ganz stark an, damit du auf seinem Rücken sicheren Halt hast. (🕑 3 Sek.)
Immer wieder macht der Delfin Sprünge durch die Luft. (🕑 2 Sek.)
Es macht dir viel Spaß (🕑 2 Sek.), auf seinem Rücken durch die Luft zu fliegen. (🕑 2 Sek.)
Du hältst dich mit deinen Armen (🕑 2 Sek.) und mit deinen Beinen gut fest. (🕑 2 Sek.)
Fühl einmal (🕑 2 Sek.), wie stark du deine Muskeln anspannen musst. (🕑 5 Sek.)
Nach einer Weile ist der kleine Delfin müde (🕑 2 Sek.) und bringt dich zurück zum Strand. (🕑 3–4 Sek.)
Zum Abschied winkt er dir noch einmal mit der Flosse zu (🕑 3 Sek.) und schwimmt dann zurück ins weite Meer. (🕑 2 Sek.)
Du schaust ihm hinterher, wie er immer kleiner (🕑 2 Sek.) und kleiner wird. (🕑 4 Sek.)
Auch du bist etwas müde von dem Spiel mit dem Delfin (🕑 2 Sek.) und ruhst dich jetzt aus. (🕑 2 Sek.)
Du legst dich in dem warmen (🕑 2 Sek.) weichen Sand auf den Rücken (🕑 2 Sek.) und streckst die Beine aus. (🕑 2 Sek.)
Die Arme legst du ganz locker neben deinen Körper. (🕑 4 Sek.)
Der Sand ist angenehm warm (🕑 2 Sek.) und weich. (🕑 2 Sek.)
Du bist ganz ruhig und entspannt (🕑 4 Sek.) und schließt deine Augen. (🕑 5 Sek.)
Das Abenteuer mit dem Delfin war ganz schön anstrengend. (🕑 2 Sek.)
Fühl einmal, wie schwer (🕑 2 Sek.) und warm (🕑 2 Sek.) deine Arme (🕑 2 Sek.) und deine Beine (🕑 2 Sek.) sind.
Ganz schwer (🕑 2 Sek.) und ganz warm (🕑 2 Sek.) liegen sie auf dem Sand. (🕑 2 Sek.)
Spür, wie gut es tut, einfach ganz ruhig (🕑 2 Sek.) auf dem Sand in der warmen Sonne zu liegen. (🕑 5 Sek.)
Ganz ruhig (🕑 2 Sek.) und entspannt. (🕑 2 Sek.)
Dein Atem geht ruhig (🕑 2 Sek.) und gleichmäßig (🕑 3 Sek.): ein und aus (🕑 3 Sek.), ein und aus. (🕑 10 Sek.)
Die Sonne scheint ganz warm (🕑 2 Sek.) auf deinen Bauch. (🕑 2 Sek.)
Dein Bauch ist ganz warm (🕑 2 Sek.), strömend warm. (🕑 6 Sek.)
Deine Arme und Beine sind ganz schwer (🕑 2 Sek.) und ganz warm. (🕑 2 Sek.)
Dein Atem geht ruhig (🕑 2 Sek.) und gleichmäßig. (🕑 2 Sek.)
Dein Bauch ist strömend warm. (🕑 2 Sek.)
Vom Meer her weht ein sanfter (🕑 2 Sek.), frischer Wind. (🕑 3 Sek.)
Du fühlst ihn angenehm kühl (🕑 2 Sek.) auf deiner Stirn. (🕑 4 Sek.)
Deine Stirn ist angenehm kühl. (🕑 8 Sek.)
Hör einfach zu, wie die Meereswellen an den Strand plätschern. (🕑 3 Sek.)

6 Stirn-Übung

Genieße die Ruhe (2 Sek.) und die Wärme. (3 Sek.)
Vielleicht hörst du auch ein paar Möwen (2 Sek.) ganz leise in der Ferne kreischen. (2 Sek.)
Du bist ganz ruhig und entspannt. (60 Sek.!)

Nach einer Weile hörst du ein Schiffshorn tuten. (2 Sek.)
Kapitän Seebär ist da, um euch abzuholen. (2 Sek.)
Auf der Rückfahrt setzt du dich auf das Schiffsdeck (2 Sek.) und schaust den Möwen zu, die eure Fahrt begleiten. (3 Sek.)
Wieder im Hafen angekommen (2 Sek.), bedankst du dich bei Kapitän Seebär für die tolle Reise. (5 Sek.)

Rücknahme

Ich zähle gleich bis drei. Bei drei öffnest du deine Augen, atmest tief ein und aus und reckst und streckst dich wie eine Katze.
Du bist wieder ganz wach im Hier und Jetzt.
Eins *(leise)* – zwei *(etwas lauter)* – drei! *(laut)*

Recken und strecken Sie sich selbst mit.

Wichtig: Lassen Sie den Kindern noch Zeit, um das Gefühl der Entspannung zu genießen und wieder ganz im Hier und Jetzt anzukommen.

Feedback-Blitzlicht

Die Kinder setzen sich auf. Fragen Sie jedes Kind nach seinen Erfahrungen und Erlebnissen während der Übung. So können Sie gut auf Unsicherheiten oder Probleme eingehen.

Bewegungsteil 2

(ausführliche Anleitung S. 18)
Führen Sie unbedingt die folgenden Übungen gemeinsam mit den Kindern im Stehen durch:

1. Hände reiben
2. Ohren kneten
3. Wachklopfen

Abschluss

Verteilen Sie die Merkblätter und besprechen Sie die Hausaufgabe mit den Kindern.

Kreativteil

Nun können die Kinder den Delfin (Vorlage S. 54) noch farbig gestalten.

6 Schwimmen mit dem Delfin

6 Zauberspruch-Merkblatt

Hier ist dein sechster Zauberspruch:

„Meine Stirn ist angenehm kühl."

Lege dich auf den Rücken. Deine Arme liegen entspannt neben deinem Körper. Deine Beine sind ausgestreckt und deine Füße fallen locker nach außen.

Schließe deine Augen und sage dir mit deiner inneren Stimme ein paar Mal den ersten Zauberspruch:

1. **„Geräusche und Gedanken sind hinter den Schranken! Ich bin ganz ruhig."**

Danach sagst du dir mit deiner inneren Stimme jeweils ein paar Mal die weiteren Zaubersprüche:

2. **„Meine Arme sind ganz schwer und meine Beine sind ganz schwer."**
3. **„Meine Arme sind ganz warm und meine Beine sind ganz warm."**
4. **„Mein Atem geht ruhig und gleichmäßig."**
5. **„Mein Bauch ist ganz warm, strömend warm."**
6. **„Meine Stirn ist angenehm kühl."**

Wenn du die Übung beenden willst, öffnest du deine Augen, atmest tief ein und aus und reckst und streckst dich wie eine Katze. Dann bist du wieder ganz wach.

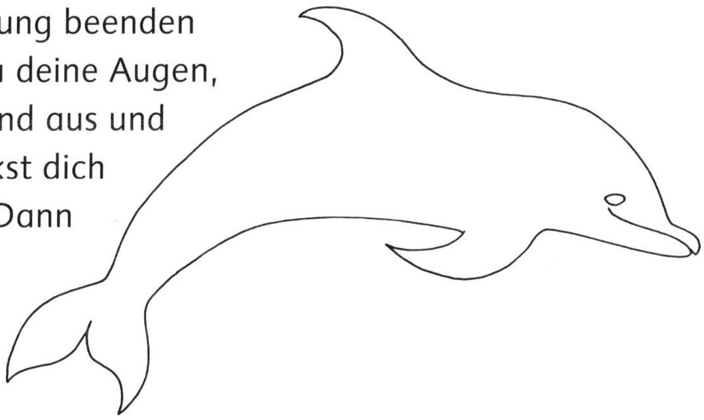

7 Erweiterung: Schlitten fahren

Die Schüler breiten ihre Matten aus und legen das Kissen und die Decke darauf. Alle setzen sich auf ihre Matten.

Feedback-Blitzlicht

Beginnen Sie mit einem Blitzlicht, wie das Üben zu Hause funktioniert hat. Wie oft wurde geübt? Wie fühlte es sich im Körper an? Ging es leicht oder war etwas schwierig? Fragen Sie alle Zaubersprüche ab.

Bewegungsteil 1

(ausführliche Anleitung S. 16/17)

1. „Wer hat ...?"-Spiel
2. Rumpf drehen
3. Hüfte kreisen
4. Schulter kreisen
5. Kopf drehen
6. Arme strecken
7. Arme und Beine ausschütteln
8. Sich wie ein nasser Hund schütteln

Entspannungsteil: Schwere, Wärme, Atmung, Bauch und kühle Stirn

Dunkeln Sie jetzt den Raum ab.

Entspannungsgeschichte: Schlitten fahren

Lege Dich auf den Rücken. Deine Beine sind ausgestreckt und deine Füße zeigen nach außen. Deine Arme liegen ruhig neben deinem Körper. Die Handflächen zeigen nach oben oder unten. Mach es dir so ganz bequem.

Für das Üben im Sitzen am Tisch:

Lege deine Arme auf den Tisch und lege deinen Kopf auf deine Arme.

Für das Üben im Sitzen auf einem Stuhl:

Setze dich gerade auf deinen Stuhl, ohne die Lehne zu berühren. Deine Füße stehen etwas auseinander fest auf dem Boden. Lege deine Unterarme entspannt auf die Oberschenkel. Deine Hände hängen locker zwischen deinen Beinen. Atme tief ein und lasse beim Ausatmen deinen Oberkörper zusammensacken, bis du einen Widerstand in deinem Rücken spürst. Dein Kopf sinkt auf deine Brust.

Pause, bis alle in der Position liegen bzw. sitzen und bis Ruhe eingekehrt ist.

Schließe Deine Augen.

Kinder, die ihre Augen nicht schließen wollen, fixieren einen Punkt. Ihre Augen sollen dabei jedoch halb geschlossen sein.

Sage dir mit deiner inneren Stimme den **ersten** Zauberspruch:
Geräusche und Gedanken sind hinter den Schranken. (4–5 Sek.)
Geräusche und Gedanken sind hinter den Schranken. (4–5 Sek.)
Ich bin ganz ruhig. (10 Sek.)
Ich bin ganz ruhig und entspannt. (10 Sek.)
Nun sagst du dir mit deiner inneren Stimme den **zweiten** Zauberspruch:
Meine Arme und meine Beine sind ganz schwer. (10 Sek.)
Meine Arme und meine Beine sind ganz schwer. (10 Sek.)

7 Erweiterung: Schlitten fahren

Sage dir nun mit deiner inneren Stimme den **dritten** Zauberspruch:
Meine Arme und meine Beine sind ganz warm. (10 Sek.)
Meine Arme und meine Beine sind ganz warm. (10 Sek.)
Meine Arme und meine Beine sind ganz schwer und ganz warm. (10 Sek.)
Nun sagst du mit deiner inneren Stimme den **vierten** Zauberspruch:
Mein Atem geht ruhig und gleichmäßig. (10 Sek.)
Mein Atem geht ruhig und gleichmäßig. (10 Sek.)
Mein Atem geht ruhig und gleichmäßig. (10 Sek.)
Sage dir nun mit deiner inneren Stimme den **fünften** Zauberspruch:
Mein Bauch ist ganz warm, strömend warm. (10 Sek.)
Mein Bauch ist ganz warm, strömend warm. (10 Sek.)
Mein Bauch ist ganz warm, strömend warm. (10 Sek.)
Nun sagst du dir mit deiner inneren Stimme den **sechsten** Zauberspruch
Meine Stirn ist angenehm kühl. (10 Sek.)
Meine Stirn ist angenehm kühl. (10 Sek.)
Meine Stirn ist angenehm kühl. (10 Sek.)
Sage dir mit deiner inneren Stimme:
Meine Stirn ist angenehm kühl. (10 Sek.)

Lausche nun der Geschichte.

Ab hier kann leise Entspannungsmusik im Hintergrund laufen.

Stelle dir vor (2 Sek.), es ist ein wunderbarer Wintertag. (2 Sek.)
Die Sonne scheint (2 Sek.) und der Himmel ist blau. (2 Sek.)
Ganz in der Ferne (2 Sek.) kannst du ein paar kleine weiße Wölkchen sehen. (2 Sek.)
Über Nacht hat es geschneit (2 Sek.) und es liegt so viel Schnee (2 Sek.), dass man sehr gut Schlitten fahren kann. (3 Sek.)
Du ziehst du dir deine Winterjacke (2 Sek.), deine Mütze (2 Sek.), deinen Schal (2 Sek.) und deine Handschuhe an. (4 Sek.)
Dann schlüpfst in deine Stiefel (3 Sek.) und gehst nach draußen. (3–4 Sek.)
Aus dem Schuppen holst du deinen Schlitten. (3–4 Sek.)
Du machst dich auf den Weg zu dem kleinen Berg (2 Sek.), auf dem man besonders gut Schlitten fahren kann. (3 Sek.)
Der Schnee ist sehr tief (2 Sek.) und du musst deine Beine immer wieder hochziehen (2 Sek.), um einen Schritt weiter zu kommen. (3 Sek.)
Von weitem siehst du schon einige Kinder (2 Sek.) den Berg hinunterfahren. (4 Sek.)
Schritt für Schritt (2 Sek.) stapfst du durch den hohen Schnee (5 Sek.).
Deinen Schlitten ziehst du hinter dir her. (4 Sek.)
Am Fuß des Berges angekommen (2 Sek.), musst du nun noch den Schlitten ganz nach oben ziehen. (4 Sek.)
Das ist wirklich anstrengend (2 Sek.) und du merkst (2 Sek.), wie stark du deine Beinmuskeln anspannen musst (2 Sek.), um immer höher zu klettern. (3 Sek.)
Den schweren Schlitten ziehst du hinter dir her. (3 Sek.)
Fühl einmal, wie schwer (2 Sek.) das für deine Arme (2 Sek.) und für deine Beine ist. (4 Sek.)
Deine Arme (2 Sek.) und deine Beine (2 Sek.) sind schon ganz schwer (2 Sek.) und ganz warm. (4 Sek.)
Wenn du oben auf dem Berg angekommen bist (2 Sek.), setzt du dich auf deinen Schlitten (2 Sek.), stößt dich mit deinen Beinen fest ab (2 Sek.) und fährst mit Schwung den Berg hinunter. (3 Sek.)
Du spürst den kühlen Fahrtwind (2 Sek.) auf deinem Gesicht. (3 Sek.)
Unten angekommen, steigst du von deinem Schlitten ab (2 Sek.) und ziehst ihn wieder nach oben auf den Berg. (5 Sek.)
Du merkst, wie schwer (2 Sek.) deine Muskeln in deinen Armen (2 Sek.) und besonders in deinen Beinen (2 Sek.) arbeiten müssen. (4 Sek.)
Langsam (2 Sek.), Schritt für Schritt (2 Sek.) kommst du vorwärts. (3 Sek.)

7 Erweiterung: Schlitten fahren

Oben auf dem Berg (2 Sek.) setzt du dich wieder auf deinen Schlitten (2 Sek.) und fährst den Berg hinunter. (3 Sek.)
Stelle dir nun vor (2 Sek.), wie du noch einige Male den Berg hinaufkletterst und hinunterfährst. (5 Sek.)
Du merkst, wie anstrengend es ist (2 Sek.), den Schlitten immer wieder hochzuziehen (2 Sek.), um dann hinunterfahren zu können. (2 Sek.)
Mit jedem Mal werden deine Arme (2 Sek.) und deine Beine (2 Sek.) schwerer (2 Sek.) und wärmer. (15 Sek.)
Nun ist es Zeit (2 Sek.), wieder nach Hause zu gehen (2 Sek.) und sich auszuruhen. (2 Sek.)
Zuhause angekommen (2 Sek.), stellst du deinen Schlitten wieder in den Schuppen (3 Sek.) und gehst ins Haus. (2 Sek.)
Deine Wintersachen ziehst du aus (5 Sek.) und machst es dir im Wohnzimmer gemütlich. (3–4 Sek.) Im Kamin brennt ein Feuer (2 Sek.) und im Zimmer ist es mollig warm. (2 Sek.) Du setzt dich in den großen Ohrensessel vor dem Kamin. (2 Sek.) Deine Beine streckst du aus (3 Sek.) und deine Arme (2 Sek.) legst du ganz entspannt (2 Sek.) auf die Armlehnen. (3 Sek.)
Das tut gut. (2 Sek.)
Du bist wirklich oft den Berg hinaufgeklettert (2 Sek.) und hinuntergefahren. (2 Sek.)
Jetzt ist es Zeit (2 Sek.), sich auszuruhen. (2 Sek.)
Fühl einmal, wie schwer (2 Sek.) und warm (2 Sek.) sich deine Arme (2 Sek.) und deine Beine anfühlen. (4 Sek.)
Ganz schwer und ganz warm. (5 Sek.)
Du bist ganz ruhig und entspannt. (3 Sek.)
Dein Atem geht ruhig (2 Sek.) und gleichmäßig (3 Sek.): ein und aus (3 Sek.), ein und aus. (8 Sek.)
Nach dem anstrengenden Tag im Schnee (2 Sek.) trinkst du einen warmen (2 Sek.), lecker duftenden Kakao. (2 Sek.)
Fühlst du, wie der Kakao deinen Bauch wärmt? (4 Sek.)
Du bist ganz ruhig (2 Sek.) und entspannt. (3 Sek.)
Dein Bauch ist ganz warm (2 Sek.), strömend warm. (8 Sek.)
Auf deiner Stirn spürst du einen sanften (2 Sek.), angenehm kühlen Lufthauch. (4 Sek.)
Deine Stirn ist angenehm kühl. (8 Sek.)
Schau noch eine Weile in das Feuer im Kamin. (3 Sek.)
Schau, wie die Flammen flackern. (4 Sek.)
Kannst du das brennende Holz knistern hören? (60 Sek.!)

Rücknahme

Ich zähle gleich bis drei. Bei drei öffnest du deine Augen, atmest tief ein und aus und reckst und streckst dich wie eine Katze.
Du bist wieder ganz wach im Hier und Jetzt.
Eins *(leise)* – zwei *(etwas lauter)* – drei! *(laut)*

Recken und strecken Sie sich selbst mit.

Wichtig: Lassen Sie den Kindern noch Zeit, um das Gefühl der Entspannung zu genießen und wieder ganz im Hier und Jetzt anzukommen.

Feedback-Blitzlicht

Die Kinder setzen sich auf. Fragen Sie jedes Kind nach seinen Erfahrungen und Erlebnissen während der Übung. So können Sie gut auf Unsicherheiten oder Probleme eingehen.

Bewegungsteil 2

(ausführliche Anleitung S. 18)

Führen Sie unbedingt die folgenden Übungen gemeinsam mit den Kindern im Stehen durch:

1. Hände reiben
2. Ohren kneten
3. Wachklopfen

Kreativteil

Die Kinder gestalten ihre Kakao-Tasse (Vorlage S. 59).

7 Kakao

8 Erweiterung: Lagerfeuer

Die Schüler breiten ihre Matten aus und legen das Kissen und die Decke darauf. Alle setzen sich auf ihre Matten.

Feedback-Blitzlicht

Beginnen Sie mit einem Blitzlicht, wie das Üben zu Hause funktioniert hat. Wie oft wurde geübt? Wie fühlte es sich im Körper an? Ging es leicht oder war etwas schwierig? Fragen Sie alle Zaubersprüche ab.

Bewegungsteil 1

(ausführliche Anleitung S. 16/17)

1. „Wer hat ...?"-Spiel
2. Rumpf drehen
3. Hüfte kreisen
4. Schulter kreisen
5. Kopf drehen
6. Arme strecken
7. Arme und Beine ausschütteln
8. Sich wie ein nasser Hund schütteln

Entspannungsteil: Schwere, Wärme, Atmung, Bauch und kühle Stirn

Dunkeln Sie jetzt den Raum ab.

Entspannungsgeschichte: Lagerfeuer

Lege dich auf den Rücken. Deine Beine sind ausgestreckt und deine Füße zeigen nach außen. Deine Arme liegen ruhig neben deinem Körper. Die Handflächen zeigen nach oben oder unten. Mach es dir so ganz bequem.

Für das Üben im Sitzen am Tisch:

Lege deine Arme auf den Tisch und lege deinen Kopf auf deine Arme.

Für das Üben im Sitzen auf einem Stuhl:

Setze dich gerade auf deinen Stuhl, ohne die Lehne zu berühren. Deine Füße stehen etwas auseinander fest auf dem Boden. Lege deine Unterarme entspannt auf die Oberschenkel. Deine Hände hängen locker zwischen deinen Beinen. Atme tief ein und lasse beim Ausatmen deinen Oberkörper zusammensacken, bis du einen Widerstand in deinem Rücken spürst. Dein Kopf sinkt auf deine Brust.

Pause, bis alle in der Position liegen bzw. sitzen und bis Ruhe eingekehrt ist.

Schließe Deine Augen.

Kinder, die ihre Augen nicht schließen wollen, fixieren einen Punkt. Ihre Augen sollen dabei jedoch halb geschlossen sein.

Sage dir mit deiner inneren Stimme den **ersten** Zauberspruch:
Geräusche und Gedanken sind hinter den Schranken. (4–5 Sek.)
Geräusche und Gedanken sind hinter den Schranken. (4–5 Sek.)
Ich bin ganz ruhig. (10 Sek.)
Ich bin ganz ruhig und entspannt. (10 Sek.)
Nun sagst du dir mit deiner inneren Stimme den **zweiten** Zauberspruch:
Meine Arme und meine Beine sind ganz schwer. (10 Sek.)
Meine Arme und meine Beine sind ganz schwer. (10 Sek.)

8 Erweiterung: Lagerfeuer

Sage dir nun mit deiner inneren Stimme den **dritten** Zauberspruch:
Meine Arme und meine Beine sind ganz warm. (10 Sek.)
Meine Arme und meine Beine sind ganz warm. (10 Sek.)
Meine Arme und meine Beine sind ganz schwer und ganz warm. (10 Sek.)
Nun sagst du mit deiner inneren Stimme den **vierten** Zauberspruch:
Mein Atem geht ruhig und gleichmäßig. (10 Sek.)
Mein Atem geht ruhig und gleichmäßig. (10 Sek.)
Mein Atem geht ruhig und gleichmäßig. (10 Sek.)
Sage dir nun mit deiner inneren Stimme den **fünften** Zauberspruch:
Mein Bauch ist ganz warm, strömend warm. (10 Sek.)
Mein Bauch ist ganz warm, strömend warm. (10 Sek.)
Mein Bauch ist ganz warm, strömend warm. (10 Sek.)
Nun sagst du dir mit deiner inneren Stimme den **sechsten** Zauberspruch
Meine Stirn ist angenehm kühl. (10 Sek.)
Meine Stirn ist angenehm kühl. (10 Sek.)
Meine Stirn ist angenehm kühl. (10 Sek.)
Sage dir mit deiner inneren Stimme:
Meine Stirn ist angenehm kühl. (10 Sek.)

Lausche nun der Geschichte.

Ab hier kann leise Entspannungsmusik im Hintergrund laufen.

Stelle dir vor (2 Sek.), es ist ein wunderschöner Herbsttag. (3 Sek.)
Die Sonne scheint (2 Sek.) und die Blätter an den Bäumen sind bunt gefärbt. (3–4 Sek.)
In deinem Garten soll heute (2 Sek.) ein großes Lagerfeuer gemacht werden. (3 Sek.)
Dafür wird sehr viel Holz gebraucht. (2 Sek.)
Du hilfst, das Holz aus dem Wald zu holen. (2 Sek.)
Du holst die Schubkarre aus dem Schuppen (3–4 Sek.) und gehst damit in den Wald. (3 Sek.)
Siehst du die vielen kleinen Äste (2 Sek.), die auf dem Waldboden liegen? (4 Sek.)
Du nimmst einen Ast nach dem anderen (2 Sek.) und legst die Äste in die Schubkarre. (5 Sek.)
Mit der vollen Schubkarre (2 Sek.) gehst du wieder zurück in deinen Garten. (3 Sek.)
Die Schubkarre ist durch die vielen Äste ganz schwer geworden. (3 Sek.)
„Puh, so viele Äste sind ganz schön schwer!“, denkst du. (2 Sek.)
Fühl einmal (2 Sek.), wie viel Kraft (2 Sek.) du in deinen Armen (2 Sek.) und in deinen Beinen (2 Sek.) brauchst, um die Schubkarre zu bewegen. (4 Sek.)
Deine Beinmuskeln sind ganz angespannt (3 Sek.) und du kannst mit der schweren Schubkarre nur ganz langsam gehen. (5 Sek.)
Mitten in deinem Garten (2 Sek.), an der Stelle, an der das Lagerfeuer brennen soll (2 Sek.), schüttest du die Schubkarre mit den Ästen aus. (3–4 Sek.)
Nun gehst du wieder in den Wald (3 Sek.) und holst mit der Schubkarre noch mehr Äste. (5 Sek.)
Mit ganz viel Kraft (2 Sek.) schiebst du die volle Schubkarre wieder in deinen Garten (3–4 Sek.) und legst die Äste auf die anderen Äste, damit ein großer Haufen entsteht. (5 Sek.)
Für ein schönes, großes Feuer (2 Sek.) brauchst du auch noch ein paar große (2 Sek.), schwere Baumstücke. (2 Sek.)
Im Wald hast du passende gesehen (2 Sek.), aber sie sind zu groß für die Schubkarre. (2 Sek.)
Deshalb stellst du die Schubkarre zurück in den Schuppen. (2 Sek.)
Dann gehst du in den Wald (2 Sek.) und suchst dir ein großes Baumstück aus. (3 Sek.)
Du hebst es auf (3 Sek.) und trägst es in deinen Garten. (3 Sek.)
Das Baumstück ist ganz schwer (2 Sek.) und ganz groß (2 Sek.). Und du musst dich sehr anstrengen. (3–4 Sek.)
Du steckst alle deine Kraft in deine Arme (3 Sek.) und in deine Beine. (3–4 Sek.)

8 Erweiterung: Lagerfeuer

Es ist wirklich anstrengend (2 Sek.), aber du schaffst es (2 Sek.) und legst das Baumstück oben auf die Äste. (4 Sek.)
Du merkst, wie schwer (2 Sek.) und warm (2 Sek.) deine Arme (2 Sek.) und deine Beine schon sind. (4 Sek.)
Geh noch ein paar Mal in den Wald und hole noch mehr Baumstücke. (10–12 Sek.)
Jetzt hast du genug Holz (3 Sek.) und das Feuer wird angezündet. (2 Sek.)
Es brennt wunderbar (2 Sek.) und du setzt dich auf einen Gartenstuhl (2 Sek.) in die Nähe des Feuers. (4 Sek.)
Nun kannst du dich ausruhen. (3 Sek.)
Du streckst deine Beine aus (3 Sek.) und legst deine Arme (2 Sek.) ganz entspannt auf die Armlehnen. (3 Sek.)
Du hast wirklich viel geschafft (2 Sek.) und viel Holz für ein tolles Lagerfeuer zusammengetragen. (3 Sek.)
Fühl einmal (2 Sek.), wie schwer (2 Sek.) und warm (2 Sek.) deine Arme (2 Sek.) und deine Beine sind. (5 Sek.)
Ganz schwer und ganz warm. (4 Sek.)
Du bist ganz ruhig und entspannt. (4 Sek.)
Dein Atem geht ruhig (2 Sek.) und gleichmäßig (3 Sek.): ein und aus (3 Sek.), ein und aus. (8 Sek.)
Du fühlst die angenehme Wärme des Feuers (2 Sek.) auf deinem Bauch. (4 Sek.)
Du bist ganz ruhig und entspannt. (4 Sek.)
Dein Bauch ist ganz warm (2 Sek.), strömend warm. (8 Sek.)
Auf deiner Stirn (2 Sek.) spürst du einen sanften, angenehm kühlen Lufthauch. (4 Sek.)
Deine Stirn ist angenehm kühl. (8 Sek.)
Schau noch eine Weile in das Lagerfeuer. (5 Sek.)
Kannst du das brennende Holz knistern hören? (4 Sek.)
Siehst du, wie die Flammen tanzen? (3 Sek.)
Du bist ganz ruhig und entspannt. (4 Sek.)
Genieße noch ein wenig die Ruhe (3 Sek.) und die Wärme. (60 Sek.!)

Rücknahme

Ich zähle gleich bis drei. Bei drei öffnest du deine Augen, atmest tief ein und aus und reckst und streckst dich wie eine Katze.
Du bist wieder ganz wach im Hier und Jetzt.
Eins *(leise)* – zwei *(etwas lauter)* – drei! *(laut)*

Recken und strecken Sie sich selbst mit.

Wichtig: Lassen Sie den Kindern noch Zeit, um das Gefühl der Entspannung zu genießen und wieder ganz im Hier und Jetzt anzukommen.

Feedback-Blitzlicht

Die Kinder setzen sich auf. Fragen Sie jedes Kind nach seinen Erfahrungen und Erlebnissen während der Übung. So können Sie gut auf Unsicherheiten oder Probleme eingehen.

Bewegungsteil 2

(ausführliche Anleitung S. 18)
Führen Sie unbedingt die folgenden Übungen gemeinsam mit den Kindern im Stehen durch:

1. Hände reiben
2. Ohren kneten
3. Wachklopfen

Kreativteil

Die Kinder gestalten das Lagerfeuer (Vorlage S. 63) in unterschiedlichen Gelb-, Orange- und Rot-Tönen.

8 Lagerfeuer

9 Erweiterung: Bergwanderung

Die Schüler breiten ihre Matten aus und legen das Kissen und die Decke darauf. Alle setzen sich auf ihre Matten.

Feedback-Blitzlicht

Beginnen Sie mit einem Blitzlicht, wie das Üben zu Hause funktioniert hat. Wie oft wurde geübt? Wie fühlte es sich im Körper an? Ging es leicht oder war etwas schwierig? Fragen Sie alle Zaubersprüche ab.

Bewegungsteil 1

(ausführliche Anleitung S. 16/17)

1. „Wer hat …?"-Spiel
2. Rumpf drehen
3. Hüfte kreisen
4. Schulter kreisen
5. Kopf drehen
6. Arme strecken
7. Arme und Beine ausschütteln
8. Sich wie ein nasser Hund schütteln

Entspannungsteil: Schwere, Wärme, Atmung, Bauch und kühle Stirn

Dunkeln Sie jetzt den Raum ab.

Entspannungsgeschichte: Bergwanderung

Lege Dich auf den Rücken. Deine Beine sind ausgestreckt und deine Füße zeigen nach außen. Deine Arme liegen ruhig neben deinem Körper. Die Handflächen zeigen nach oben oder unten. Mach es dir so ganz bequem.

Für das Üben im Sitzen am Tisch:

Lege deine Arme auf den Tisch und lege deinen Kopf auf deine Arme.

Für das Üben im Sitzen auf einem Stuhl:

Setze dich gerade auf deinen Stuhl, ohne die Lehne zu berühren. Deine Füße stehen etwas auseinander fest auf dem Boden. Lege deine Unterarme entspannt auf die Oberschenkel. Deine Hände hängen locker zwischen deinen Beinen. Atme tief ein und lasse beim Ausatmen deinen Oberkörper zusammensacken, bis du einen Widerstand in deinem Rücken spürst. Dein Kopf sinkt auf deine Brust.

Pause, bis alle in der Position liegen bzw. sitzen und bis Ruhe eingekehrt ist.

Schließe Deine Augen.

Kinder, die ihre Augen nicht schließen wollen, fixieren einen Punkt. Ihre Augen sollen dabei jedoch halb geschlossen sein.

Sage dir mit deiner inneren Stimme den **ersten** Zauberspruch:
Geräusche und Gedanken sind hinter den Schranken. (⏲ 4–5 Sek.)
Geräusche und Gedanken sind hinter den Schranken. (⏲ 4–5 Sek.)
Ich bin ganz ruhig. (⏲ 10 Sek.)
Ich bin ganz ruhig und entspannt. (⏲ 10 Sek.)
Nun sagst du dir mit deiner inneren Stimme den **zweiten** Zauberspruch:
Meine Arme und meine Beine sind ganz schwer. (⏲ 10 Sek.)
Meine Arme und meine Beine sind ganz schwer. (⏲ 10 Sek.)
Sage dir nun mit deiner inneren Stimme den **dritten** Zauberspruch:
Meine Arme und meine Beine sind ganz warm. (⏲ 10 Sek.)
Meine Arme und meine Beine sind ganz warm. (⏲ 10 Sek.)
Meine Arme und meine Beine sind ganz schwer und ganz warm. (⏲ 10 Sek.)
Nun sagst du mit deiner inneren Stimme den **vierten** Zauberspruch:
Mein Atem geht ruhig und gleichmäßig. (⏲ 10 Sek.)
Mein Atem geht ruhig und gleichmäßig. (⏲ 10 Sek.)
Mein Atem geht ruhig und gleichmäßig. (⏲ 10 Sek.)
Sage dir nun mit deiner inneren Stimme den **fünften** Zauberspruch:
Mein Bauch ist ganz warm, strömend warm. (⏲ 10 Sek.)
Mein Bauch ist ganz warm, strömend warm. (⏲ 10 Sek.)

9 Erweiterung: Bergwanderung

Mein Bauch ist ganz warm, strömend warm. (10 Sek.)
Nun sagst du dir mit deiner inneren Stimme den **sechsten** Zauberspruch
Meine Stirn ist angenehm kühl. (10 Sek.)
Meine Stirn ist angenehm kühl. (10 Sek.)
Meine Stirn ist angenehm kühl. (10 Sek.)
Sage dir mit deiner inneren Stimme:
Meine Stirn ist angenehm kühl. (10 Sek.)

Lausche nun der Geschichte.

Ab hier kann leise Entspannungsmusik im Hintergrund laufen.

Stelle dir vor (2 Sek.), es ist ein wunderbarer Sommertag. (2 Sek.)
Die Sonne scheint (2 Sek.) und der Himmel ist blau. (2 Sek.)
Die Luft ist angenehm warm. (2 Sek.)
Es ist ein guter Tag (2 Sek.), um eine Bergwanderung zu machen. (2 Sek.)
Du holst deinen Rucksack (2 Sek.) und packst Essen (2 Sek.) und Getränke ein. (4 Sek.)
Dann packst du noch eine Decke dazu. (4 Sek.)
Du ziehst deine Jacke (2 Sek.) und deine Wanderschuhe an. (4 Sek.)
Nun schnallst du dir den Rucksack auf den Rücken. (2–3 Sek.)
„Oh, der Rucksack ist ganz schön schwer geworden!“, denkst du (2 Sek.).
Dann machst du dich auf den Weg. (4 Sek.)
Von weitem kannst du die Berge sehen. (3 Sek.)
Sie strahlen in der Sonne. (2 Sek.)
Bevor du an den Fuß der Berge kommst (2 Sek.), musst du durch ein Tal gehen. (3 Sek.)
Durch das Tal (2 Sek.) schlängelt sich ein kleiner Bach. (4 Sek.)
Du gehst an dem Bach entlang. (4 Sek.)
Das Wasser darin ist ganz klar (2 Sek.) und sauber. (2 Sek.)
Vielleicht entdeckst du einen Fisch. (3–4 Sek.)
Im Tal kommst du gut voran. (2 Sek.)
Du schaust dir die Landschaft an. (4–5 Sek.)
Du siehst die hohen Berge. (2 Sek.)
Vielleicht kommst du an einem See vorbei. (2 Sek.)
Um dich herum ist es ganz still (2 Sek.), nur die Vögel zwitschern. (3 Sek.)
Du wanderst ganz ruhig (2 Sek.) und entspannt weiter. (4–5 Sek.)
Nun bist du am Fuß des Berges angekommen (2 Sek.) und machst eine kleine Pause. (3 Sek.) Du trinkst (2 Sek.) und isst etwas. (3–4 Sek.)
Dann machst du dich auf den Weg zur Bergspitze. (2 Sek.)
Der Weg ist sehr steil (2 Sek.) und du musst an manchen Stellen richtig klettern. (4 Sek.)
Dabei hältst du dich mit deinen Händen (2 Sek.) ganz kräftig an der Felswand fest. (4 Sek.)
Es ist ganz schön anstrengend (2 Sek.), den Berg hinaufzuklettern. (2 Sek.)
Du merkst den schweren (2 Sek.) Rucksack auf deinem Rücken. (3 Sek.)
Nun wird der Weg steiler (2 Sek.) und du musst dich noch stärker festhalten. (2–3 Sek.)
Fühl einmal, wie angespannt (2 Sek.) deine Armmuskeln (2 Sek.) und deine Beinmuskeln sind. (5 Sek.)
Für das Klettern (2 Sek.) brauchst du ganz viel Kraft. (2 Sek.) Ganz langsam (2 Sek.), Schritt für Schritt (2 Sek.), kletterst du den Berg hinauf. (5 Sek.)
Weiter und weiter (2 Sek.) kletterst du den Berg hinauf. (4 Sek.)
Die Bergspitze kannst du schon sehen. (2 Sek.)
Noch ein paar Meter (2 Sek.) und dann hast du es geschafft. (2 Sek.)
Das letzte Stück des Weges ist schwierig (2 Sek.) und steil. (2 Sek.)
Du strengst dich noch einmal besonders an (2 Sek.) und mit ganz viel Kraft in deinen Armen (2 Sek.) und in deinen Beinen (2 Sek.) kletterst du auf die Bergspitze. (3 Sek.)
Du merkst, wie schwer (2 Sek.) und warm (2 Sek.) deine Arme (2 Sek.) und deine Beine sind. (5 Sek.)

9 Erweiterung: Bergwanderung

Oben auf dem Berg (2 Sek.) gibt es einen schönen Platz (2 Sek.), auf dem du dich ausruhen kannst. (3–4 Sek.) Von dort hast du einen tollen Ausblick. (4 Sek.)
Du kannst weit schauen. (3 Sek.)
Wie sieht deine Landschaft aus? (4 Sek.)
Liegt auf den anderen Bergen (2 Sek.) vielleicht sogar noch Schnee? (3 Sek.)
Gibt es Bäume an den Berghängen? (3 Sek.)
Kannst du im Tal die Häuser und vielleicht auch einen See erkennen? (3 Sek.)
Es war wirklich anstrengend (2 Sek.), auf den Berg zu klettern. (2 Sek.)
Jetzt ist es Zeit, sich auszuruhen. (2 Sek.)
Du breitest deine Decke aus (4 Sek.) und legst dich mit dem Rücken darauf. (3 Sek.)
Deine Beine streckst du aus (2 Sek.) und deine Arme legst du ganz entspannt (2 Sek.) neben dich auf die Decke. (2 Sek.)
Du bist ganz ruhig und entspannt. (4 Sek.)
Fühl einmal, wie schwer (2 Sek.) und warm (2 Sek.) sich deine Arme (2 Sek.) und deine Beine (2 Sek.) nach der Wanderung anfühlen. (4 Sek.)
Ganz schwer und ganz warm. (5 Sek.)
Dein Atem geht ruhig (2 Sek.) und gleichmäßig (3 Sek.): ein und aus (3 Sek.), ein und aus. (8 Sek.)
Du bist ganz ruhig (2 Sek.) und entspannt. (3 Sek.) Und genießt es (2 Sek.), in der warmen Sonne zu liegen. (4–5 Sek.)
Die Sonne scheint angenehm warm (2 Sek.) auf deinen Bauch. (4 Sek.)
Dein Bauch ist ganz warm (2 Sek.), strömend warm. (8 Sek.)
Du fühlst (2 Sek.), wie gut es tut (2 Sek.), dazuliegen (2 Sek.) und sich auszuruhen.
Du bist ganz entspannt. (5 Sek.)
Auf deiner Stirn spürst du einen sanften (2 Sek.), angenehm kühlen Lufthauch. (4 Sek.)
Deine Stirn ist angenehm kühl. (8 Sek.)
Bleib einfach noch eine Weile ruhig liegen (3 Sek.) und schau dir die Landschaft an. (4 Sek.)
Vielleicht kannst du einen Adler kreisen sehen (2 Sek.) und Vögel zwitschern hören. (60 Sek.!)

Nun wird es Zeit, nach Hause zu gehen. (2 Sek.)
Auf dem Berg wartet schon eine Pferdekutsche (2 Sek.), die dich hinunter ins Tal bringt.
Unten angekommen (2 Sek.), bedankst du dich beim Kutscher (2 Sek.) und den Pferden. (2 Sek.)
Dann schaust du noch einmal zum Berg hinauf. (2 Sek.)
Oben auf der Spitze (2 Sek.), da bist du gewesen. (2 Sek.)
Das hast du geschafft. (2 Sek.)
Gut gemacht! (5 Sek.)

Rücknahme

Ich zähle gleich bis drei. Bei drei öffnest du deine Augen, atmest tief ein und aus und reckst und streckst dich wie eine Katze.
Du bist wieder ganz wach im Hier und Jetzt.
Eins *(leise)* – zwei *(etwas lauter)* – drei! *(laut)*
Recken und strecken Sie sich selbst mit.

Wichtig: Lassen Sie den Kindern noch Zeit, um das Gefühl der Entspannung zu genießen und wieder ganz im Hier und Jetzt anzukommen.

Feedback-Blitzlicht

Die Kinder setzen sich auf. Fragen Sie jedes Kind nach seinen Erfahrungen und Erlebnissen während der Übung. So können Sie gut auf Unsicherheiten oder Probleme eingehen.

Bewegungsteil 2

(ausführliche Anleitung S. 18)
Führen Sie unbedingt die folgenden Übungen gemeinsam mit den Kindern im Stehen durch:
1. Hände reiben
2. Ohren kneten
3. Wachklopfen

Kreativteil

Die Kinder malen in ihren Rucksack (Vorlage S. 67), was sie eingepackt hatten.

9 Bergwanderung

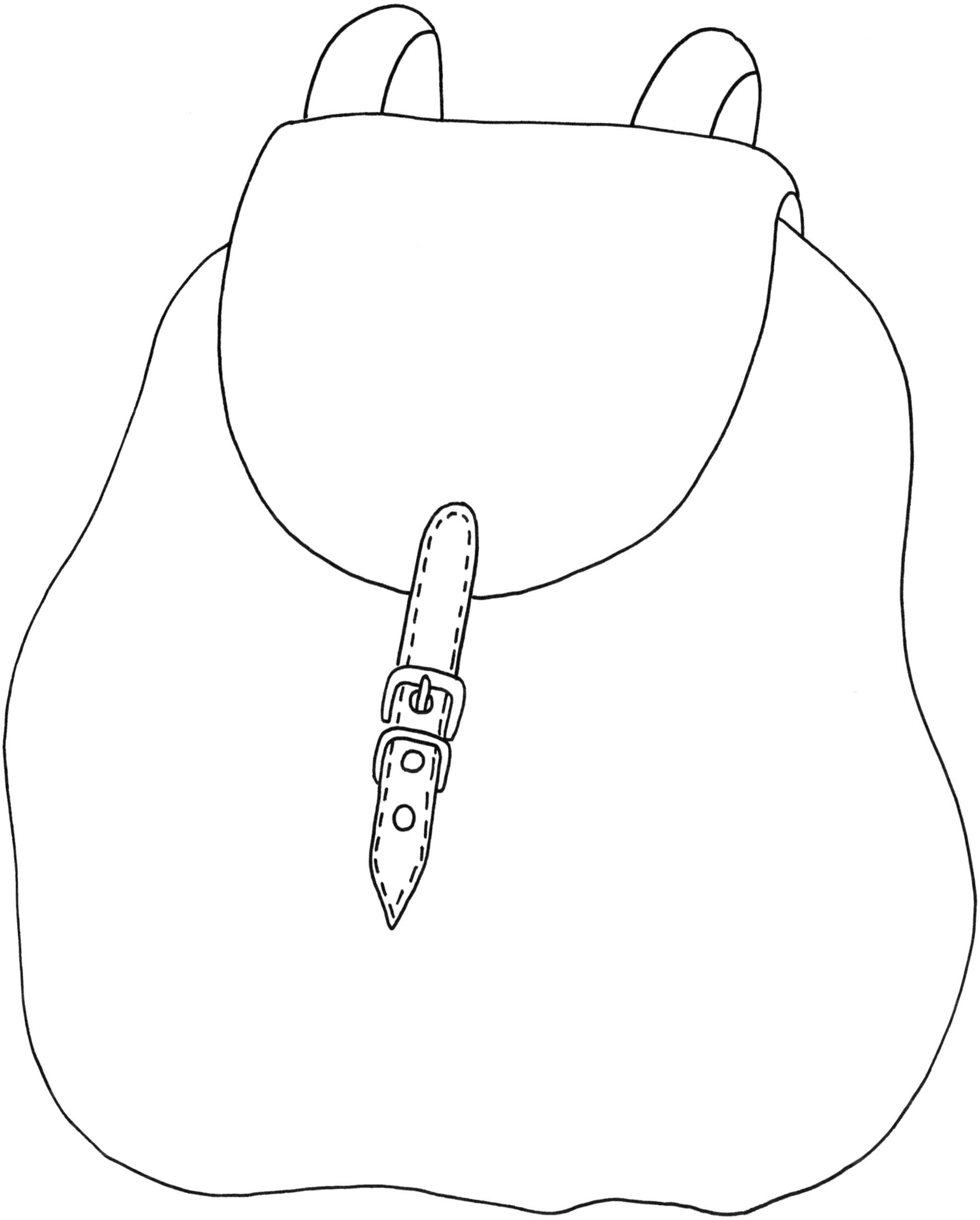

10 Erweiterung: Ruderwettbewerb

Die Schüler breiten ihre Matten aus und legen das Kissen und die Decke darauf. Alle setzen sich auf ihre Matten.

Feedback-Blitzlicht

Beginnen Sie mit einem Blitzlicht, wie das Üben zu Hause funktioniert hat. Wie oft wurde geübt? Wie fühlte es sich im Körper an? Ging es leicht oder war etwas schwierig? Fragen Sie alle Zaubersprüche ab.

Bewegungsteil 1

(ausführliche Anleitung S. 16/17)

1. „Wer hat ...?"-Spiel
2. Rumpf drehen
3. Hüfte kreisen
4. Schulter kreisen
5. Kopf drehen
6. Arme strecken
7. Arme und Beine ausschütteln
8. Sich wie ein nasser Hund schütteln

Entspannungsteil: Schwere, Wärme, Atmung, Bauch und kühle Stirn

Dunkeln Sie jetzt den Raum ab.

Entspannungsgeschichte: Ruderwettbewerb

Lege Dich auf den Rücken. Deine Beine sind ausgestreckt und deine Füße zeigen nach außen. Deine Arme liegen ruhig neben deinem Körper. Die Handflächen zeigen nach oben oder unten. Mach es dir so ganz bequem.

Für das Üben im Sitzen am Tisch:

Lege deine Arme auf den Tisch und lege deinen Kopf auf deine Arme.

Für das Üben im Sitzen auf einem Stuhl:

Setze dich gerade auf deinen Stuhl, ohne die Lehne zu berühren. Deine Füße stehen etwas auseinander fest auf dem Boden. Lege deine Unterarme entspannt auf die Oberschenkel. Deine Hände hängen locker zwischen deinen Beinen. Atme tief ein und lasse beim Ausatmen deinen Oberkörper zusammensacken, bis du einen Widerstand in deinem Rücken spürst. Dein Kopf sinkt auf deine Brust.

Pause, bis alle in der Position liegen bzw. sitzen und bis Ruhe eingekehrt ist.

Schließe Deine Augen.

Kinder, die ihre Augen nicht schließen wollen, fixieren einen Punkt. Ihre Augen sollen dabei jedoch halb geschlossen sein.

Sage dir mit deiner inneren Stimme den **ersten** Zauberspruch:
Geräusche und Gedanken sind hinter den Schranken. (4–5 Sek.)
Geräusche und Gedanken sind hinter den Schranken. (4–5 Sek.)
Ich bin ganz ruhig. (10 Sek.)
Ich bin ganz ruhig und entspannt. (10 Sek.)
Nun sagst du dir mit deiner inneren Stimme den **zweiten** Zauberspruch:
Meine Arme und meine Beine sind ganz schwer. (10 Sek.)
Meine Arme und meine Beine sind ganz schwer. (10 Sek.)

10 Erweiterung: Ruderwettbewerb

Sage dir nun mit deiner inneren Stimme den **dritten** Zauberspruch:
Meine Arme und meine Beine sind ganz warm. (10 Sek.)
Meine Arme und meine Beine sind ganz warm. (10 Sek.)
Meine Arme und meine Beine sind ganz schwer und ganz warm. (10 Sek.)
Nun sagst du mit deiner inneren Stimme den **vierten** Zauberspruch:
Mein Atem geht ruhig und gleichmäßig. (10 Sek.)
Mein Atem geht ruhig und gleichmäßig. (10 Sek.)
Mein Atem geht ruhig und gleichmäßig. (10 Sek.)
Sage dir nun mit deiner inneren Stimme den **fünften** Zauberspruch:
Mein Bauch ist ganz warm, strömend warm. (10 Sek.)
Mein Bauch ist ganz warm, strömend warm. (10 Sek.)
Mein Bauch ist ganz warm, strömend warm. (10 Sek.)
Nun sagst du dir mit deiner inneren Stimme den **sechsten** Zauberspruch
Meine Stirn ist angenehm kühl. (10 Sek.)
Meine Stirn ist angenehm kühl. (10 Sek.)
Meine Stirn ist angenehm kühl. (10 Sek.)
Sage dir mit deiner inneren Stimme:
Meine Stirn ist angenehm kühl. (10 Sek.)

Lausche nun der Geschichte.

Ab hier kann leise Entspannungsmusik im Hintergrund laufen.

Stelle dir vor (2 Sek.), es ist ein wundervoll warmer (2 Sek.) und sonniger Tag. (2 Sek.)
Du gehst zu deinem Briefkasten (2 Sek.) und findest darin einen Brief. (2 Sek.)
Es ist eine Einladung zu einem Ruderwettbewerb (2 Sek.) auf einem großen See. (2 Sek.)
In dem Brief findest du auch eine Karte mit der Wegbeschreibung. (2 Sek.)
Du packst deine Badesachen ein (2 Sek.) und machst dich auf den Weg zum See. (3–4 Sek.)
Von weitem kannst du den See schon sehen (2 Sek.) und auch ein paar Kinder. (2 Sek.)
Einige Kinder kennst du (2 Sek.), andere Kinder sind dir fremd. (3 Sek.) Je näher du an den See kommst (2 Sek.), desto mehr kannst du von dem See erkennen. (3 Sek.)
Der See ist sehr groß. (2 Sek.)
Sein Wasser glitzert in der Sonne (2 Sek.) und kleine Wellen plätschern ans Ufer. (2 Sek.)
Kannst du das Plätschern hören? (3 Sek.)
In der Mitte des Sees liegt eine Insel. (3 Sek.)
Wenn du genau hinschaust (2 Sek.), kannst du sehen, dass die Insel einen langen (2 Sek.), weißen Strand (2 Sek.) und auch einen kleinen Wald hat. (3 Sek.)
Am See wirst du vom alten Kapitän Jan Seebär empfangen. (2 Sek.)
Er steht am Ufer (2 Sek.) und neben ihm liegen schon die Ruderboote für das Rennen im Wasser. (3 Sek.)
Jedes Boot hat eine andere Farbe (2 Sek.) und ist mit unterschiedlichen Mustern bemalt. (3–4 Sek.) Einige Boote sind sogar mit Blumen geschmückt. (2 Sek.)
Schau einmal, wie schön (2 Sek.) und bunt die Boote sind. (5 Sek.)
Die Boote sind sehr groß und schwer. (2 Sek.)
Deshalb müssen immer mehrere Kinder zusammen in einem Boot sitzen (2 Sek.) und rudern. (2 Sek.)
Die Sonne scheint angenehm warm (2 Sek.) und du ziehst deine Badesachen an. (4 Sek.)
In wenigen Minuten geht das Rennen los. (2 Sek.)
Nun suchst du dir ein Boot aus (3 Sek.) und setzt dich hinein. (2 Sek.)
Wenn alle Kinder in die Boote eingestiegen sind (2 Sek.), hörst du den alten Kapitän Jan Seebär sagen: (2 Sek.)
„Herzlich willkommen zum Ruderwettbewerb. (2 Sek.)
Ich freue mich, dass ihr alle gekommen seid. (2 Sek.)
Wenn ich das Startsignal gebe, rudert ihr, so schnell ihr könnt, zu der Insel hinüber. (2 Sek.)

10 Erweiterung: Ruderwettbewerb

Wer als Erstes an der Insel angekommen ist (◷ 2 Sek.), hat gewonnen. (◷ 2 Sek.)
Es ist ein weiter Weg bis zur Insel (◷ 2 Sek.) und ihr müsst euch anstrengen beim Rudern. (◷ 2 Sek.)
Auf die Plätze (◷ 2 Sek.), fertig (◷ 2 Sek.), los!“ (◷ 2 Sek.)
Du fasst mit deinen Händen fest die Ruder (◷ 2 Sek.) und ziehst sie kräftig nach hinten. (◷ 2 Sek.)
Dann schiebst du die Ruder wieder nach vorn (◷ 2 Sek.) und ziehst sie sofort wieder kräftig nach hinten. (◷ 2 Sek.)
Gut so. (◷ 2 Sek.)
Immer die Ruder nach vorn schieben (◷ 2 Sek.) und dann nach hinten ziehen. (◷ 5 Sek.)
Das Boot gleitet schnell (◷ 2 Sek.) in dem ruhigen Wasser. (◷ 3 Sek.)
Mit aller Kraft bewegst du die Ruder (◷ 2 Sek.) und stemmst dich mit deinen Beinen (◷ 2 Sek.) auf dem Boden des Bootes ab. (◷ 2 Sek.)
Du merkst in deinen Armen (◷ 2 Sek.) und in deinen Beinen (◷ 2 Sek.), wie anstrengend das Rudern ist. (◷ 2 Sek.)
Deine Armmuskeln (◷ 2 Sek.) und deine Beinmuskeln (◷ 2 Sek.) müssen richtig schwer arbeiten (◷ 2 Sek.), um die Ruder durch das Wasser zu ziehen. (◷ 2 Sek.)
Fühl einmal, wie schwer (◷ 2 Sek.) und wie warm (◷ 2 Sek.) deine Arme (◷ 2 Sek.) und deine Beine schon sind. (◷ 4–5 Sek.)
Euer Boot liegt vorn. (◷ 2 Sek.)
Doch die anderen Boote holen auf (◷ 2 Sek.) und sind fast auf gleicher Höhe mit deinem Boot. (◷ 3 Sek.)
Du ruderst jetzt noch viel kräftiger (◷ 2 Sek.) und spürst in den Muskeln deiner Arme (◷ 2 Sek.) und deiner Beine (◷ 2 Sek.), wie schwer (◷ 2 Sek.) und anstrengend das ist. (◷ 2 Sek.) Nun sind es nur noch ein paar Meter bis zur Insel. (◷ 2 Sek.)
Du drückst dich mit deinen Beinen (◷ 2 Sek.) noch einmal kräftig in den Boden des Bootes (◷ 2 Sek.) und ziehst mit aller Kraft (◷ 2 Sek.) die Ruder durch das Wasser. (◷ 4–5 Sek.)
Dann spürst du (◷ 2 Sek.), wie das Boot auf den Strand der Insel aufläuft. (◷ 2 Sek.)
Du springst mit den anderen Kindern aus dem Boot (◷ 2 Sek.) und ziehst das Boot an Land. (◷ 3 Sek.)
Das Boot ist schwer (◷ 2 Sek.) und du musst mit deinen Armen kräftig ziehen (◷ 2 Sek.) und deine Beine kräftig in den Sand stemmen. (◷ 4 Sek.) Geschafft! (◷ 2 Sek.)
Euer Boot hat als Erstes die Insel erreicht und ihr habt gewonnen. (◷ 2 Sek.)
Kapitän Seebär überreicht euch die Siegerurkunde (◷ 2 Sek.) und einen Gutschein für eine kostenlose Fahrt (◷ 2 Sek.) auf seinem großen Schiff. (◷ 3 Sek.)
Nun hast du dir eine Pause verdient. (◷ 2 Sek.)
Du legst dich in dem warmen (◷ 2 Sek.) weichen Sand auf den Rücken (◷ 2 Sek.) und streckst die Beine aus. (◷ 2 Sek.)
Die Arme legst du ganz locker neben deinen Körper. (◷ 3 Sek.)
Der Sand ist angenehm warm (◷ 2 Sek.) und weich. (◷ 2 Sek.)
Du bist ganz ruhig und entspannt (◷ 4 Sek.) und schließt deine Augen. (◷ 5 Sek.)
Fühl einmal, wie schwer (◷ 2 Sek.) und warm (◷ 2 Sek.) deine Arme (◷ 2 Sek.) und deine Beine sind. (◷ 5 Sek.)
Deine Arme (◷ 2 Sek.) und deine Beine (◷ 2 Sek.) sind ganz schwer (◷ 2 Sek.) und ganz warm vom Rudern. (◷ 2 Sek.)
Spür einmal, wie gut es tut (◷ 2 Sek.), einfach ganz ruhig (◷ 2 Sek.) auf dem Sand in der warmen Sonne zu liegen. (◷ 5 Sek.)
Dein Atem geht ruhig (◷ 2 Sek.) und gleichmäßig (◷ 2 Sek.): ein und aus (◷ 3 Sek.), ein und aus. (◷ 8 Sek.)
Die Sonne scheint ganz warm (◷ 2 Sek.) auf deinen Bauch. (◷ 2 Sek.)
Dein Bauch ist ganz warm (◷ 2 Sek.), strömend warm. (◷ 6 Sek.)
Deine Arme und Beine sind ganz schwer (◷ 2 Sek.) und ganz warm. (◷ 2 Sek.)
Dein Atem geht ruhig (◷ 2 Sek.) und gleichmäßig. (◷ 3 Sek.)
Dein Bauch ist strömend warm. (◷ 3 Sek.)
Vom See her weht ein sanfter (◷ 2 Sek.), frischer Wind. (◷ 3 Sek.)
Du fühlst ihn angenehm kühl (◷ 2 Sek.) auf deiner Stirn. (◷ 4 Sek.)

10 Erweiterung: Ruderwettbewerb

Deine Stirn ist angenehm kühl. (8 Sek.)
Hör noch ein wenig dem leisen Plätschern der Wellen zu. (5 Sek.)
Du bist ganz ruhig und entspannt. (60 Sek.!)

Nun wird es Zeit, die Insel wieder zu verlassen. (2 Sek.)
Der alte Kapitän Seebär nimmt euch auf seinem Schiff mit zurück. (3 Sek.).
Die Boote hat er hinter sein Schiff gehängt. (2 Sek.)
Wieder am Seeufer zurück (2 Sek.), bedankst du dich bei dem Kapitän für den schönen Tag (2 Sek.) und gehst ruhig und entspannt nach Hause. (5 Sek.)

Rücknahme

Ich zähle gleich bis drei. Bei drei öffnest du deine Augen, atmest tief ein und aus und reckst und streckst dich wie eine Katze.
Du bist wieder ganz wach im Hier und Jetzt.
Eins *(leise)* – zwei *(etwas lauter)* – drei! *(laut)*

Recken und strecken Sie sich selbst mit.

Wichtig: Lassen Sie den Kindern noch Zeit, um das Gefühl der Entspannung zu genießen und wieder ganz im Hier und Jetzt anzukommen.

Feedback-Blitzlicht

Die Kinder setzen sich auf. Fragen Sie jedes Kind nach seinen Erfahrungen und Erlebnissen während der Übung. So können Sie gut auf Unsicherheiten oder Probleme eingehen.

Bewegungsteil 2

(ausführliche Anleitung S. 18)
Führen Sie unbedingt die folgenden Übungen gemeinsam mit den Kindern im Stehen durch:

1. Hände reiben
2. Ohren kneten
3. Wachklopfen

Kreativteil

Die Kinder malen und dekorieren ihr Boot (Vorlage S. 72).

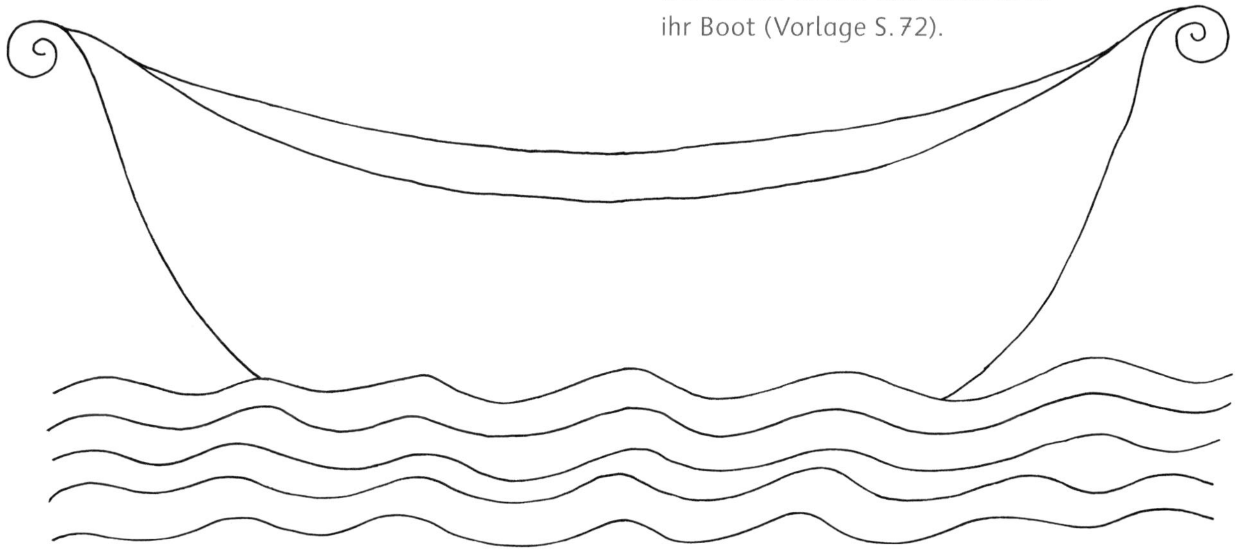

10 Ruderwettbewerb

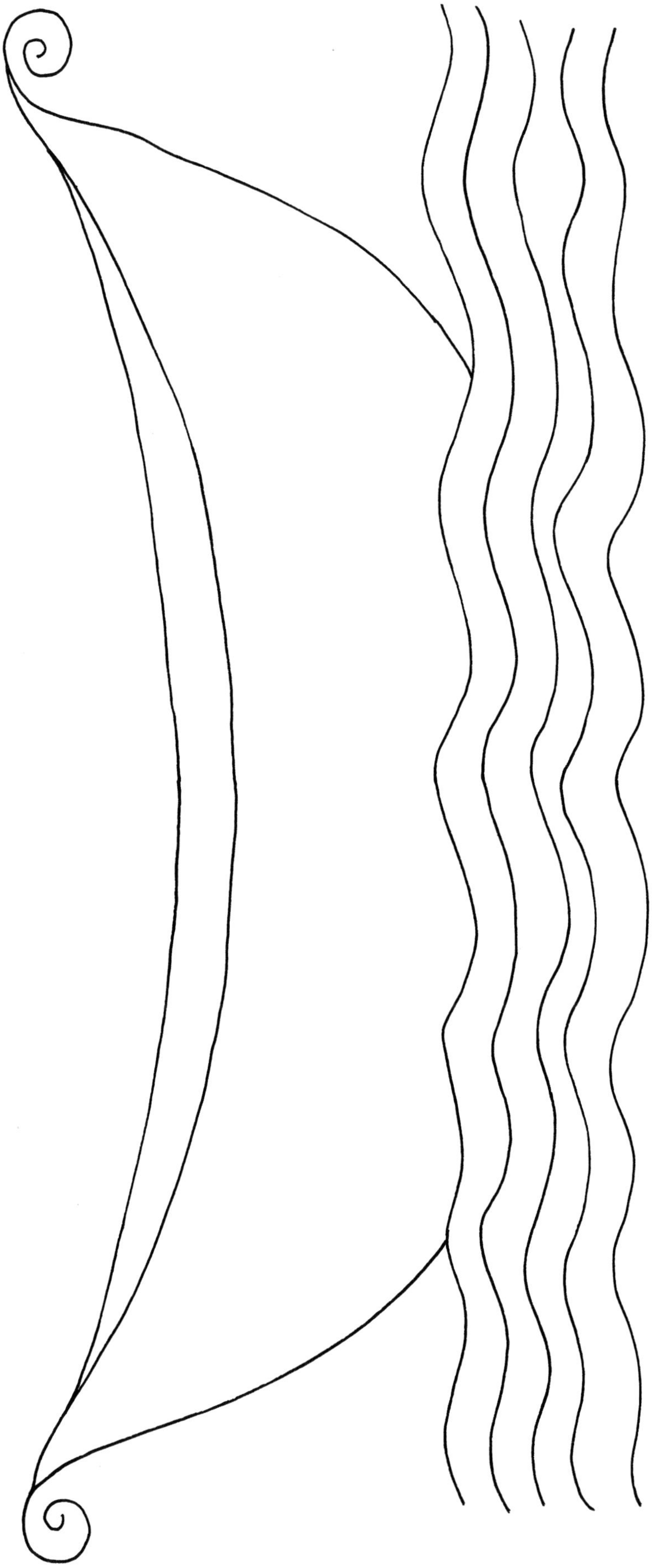

  ISBN 978-3-8346-3574-7 | www.verlagruhr.de

Kurz-Sequenzen

Einführung

Zur Einübung und Festigung der AT-Formeln sollten die Schüler zu Hause regelmäßig, **möglichst 2- bis 3-mal am Tag**, üben. Erfahrungsgemäß schaffen das nicht alle Kinder. So ist es sinnvoll, zusätzlich zu den wöchentlichen Entspannungsstunden aus dem Kurs kleine AT-Sequenzen in den Schulalltag einzubauen. In dieser kleinen Entspannungspause werden nur die „reinen" AT-Formeln, ohne Erklärungen, Einführung und Vorlesen einer Entspannungsgeschichte, angewendet. Die kleinen AT-Sequenzen sind eine willkommene Unterbrechung des Schultages und führen ganz nebenbei dazu, dass die Schüler danach frischer und aufmerksamer dem Unterricht folgen können.
Da die Übungen nur wenige Minuten dauern, können sie im Klassenverband durchgeführt werden. Auch die Schüler, die z. B. aufgrund von Unruhe oder auffälligem Verhalten nicht am „offiziellen" Kurs teilnehmen, halten in der Regel die kleinen Entspannungs-Pausen durch und profitieren davon.

Wichtig: Auch bei den Kurz-Übungen ist es unbedingt nötig, sich genau an den vorgegebenen **Ablauf und Wortlaut** zu halten. **Zu jeder der sechs Basis-Entspannungsstunden des Wochen-Kurses gibt es eine entsprechende Kurz-Sequenz. Greifen Sie mit den Kurz-Übungen nicht den Entspannungsstunden des Kurses vor!** Setzen Sie z. B. die „Wärme-Kurz-Sequenz" nicht ein, bevor Sie die Wärme-Übung im Kurs eingeführt haben.

Die AT-Kurz-Sequenzen werden am einfachsten und ohne großen Aufwand **im Sitzen** (**Droschkenkutscher-Haltung**, s. S. 8) durchgeführt.

1 Ruhe

Für das Üben im Sitzen am Tisch:

Lege Deine Arme auf den Tisch und lege deinen Kopf auf deine Arme.

Für das Üben im Sitzen auf einem Stuhl:

Setze dich gerade auf deinen Stuhl, ohne die Lehne zu berühren. Deine Füße stehen etwas auseinander fest auf dem Boden. Lege deine Unterarme entspannt auf die Oberschenkel. Deine Hände hängen locker zwischen deinen Beinen. Atme tief ein und lasse beim Ausatmen deinen Oberkörper zusammensacken, bis du einen Widerstand in deinem Rücken spürst. Dein Kopf sinkt auf deine Brust.

Pause, bis alle in der Position sitzen und bis Ruhe eingekehrt ist.

Schließe Deine Augen.

Kinder, die ihre Augen nicht schließen wollen, fixieren einen Punkt. Ihre Augen sollen dabei jedoch halb geschlossen sein.

Sage dir mit deiner inneren Stimme den **ersten** Zauberspruch:
Geräusche und Gedanken sind hinter den Schranken. (8–10 Sek.)
Geräusche und Gedanken sind hinter den Schranken. (8–10 Sek.)
Ich bin ganz ruhig. (10 Sek.)
Ich bin ganz ruhig. (10 Sek.)
Ich bin ganz ruhig und entspannt. (10 Sek.)
Ich bin ganz ruhig und entspannt. (10 Sek.)
Ich bin ganz ruhig und entspannt.
(15–20 Sek.)

Sage dir nun noch ein paar Mal mit deiner inneren Stimme:
Ich bin ganz ruhig und entspannt.
(3–5 Min.)

Ich zähle gleich bis drei. Bei drei öffnest du deine Augen, atmest tief ein und aus und reckst und streckst dich wie eine Katze.
Du bist wieder ganz wach im Hier und Jetzt.
Eins *(leise)* – zwei *(etwas lauter)* – drei! *(laut)*

Recken und strecken Sie sich selbst mit.

Wichtig: Lassen Sie den Kindern noch Zeit, um das Gefühl der Entspannung zu genießen und wieder ganz im Hier und Jetzt anzukommen.

Fragen Sie die Kinder nach ihren Wahrnehmungen während der Übung.

Führen Sie unbedingt die folgenden Übungen gemeinsam mit den Kindern durch (ausführliche Anleitung S. 18):

1. Hände reiben
2. Ohren kneten
3. Wachklopfen

2 Ruhe und Schwere

Für das Üben im Sitzen am Tisch:

Lege deine Arme auf den Tisch und lege deinen Kopf auf deine Arme.

Für das Üben im Sitzen auf einem Stuhl:

Setze dich gerade auf deinen Stuhl, ohne die Lehne zu berühren. Deine Füße stehen etwas auseinander fest auf dem Boden. Lege deine Unterarme entspannt auf die Oberschenkel. Deine Hände hängen locker zwischen deinen Beinen. Atme tief ein und lasse beim Ausatmen deinen Oberkörper zusammensacken, bis du einen Widerstand in deinem Rücken spürst. Dein Kopf sinkt auf deine Brust.

Pause, bis alle in der Position sitzen und bis Ruhe eingekehrt ist.

Schließe Deine Augen.

Kinder, die ihre Augen nicht schließen wollen, fixieren einen Punkt. Ihre Augen sollen dabei jedoch halb geschlossen sein.

Sage dir mit deiner inneren Stimme den **ersten** Zauberspruch:
Geräusche und Gedanken sind hinter den Schranken. (8–10 Sek.)
Geräusche und Gedanken sind hinter den Schranken. (8–10 Sek.)
Ich bin ganz ruhig. (10 Sek.)
Ich bin ganz ruhig. (10 Sek.)
Ich bin ganz ruhig und entspannt. (15–20 Sek.)
Nun sagst du dir mit deiner inneren Stimme den **zweiten** Zauberspruch:
Meine Arme sind ganz schwer. (10 Sek.)
Und meine Beine sind ganz schwer. (10 Sek.)
Meine Arme sind ganz schwer. (10 Sek.)
Und meine Beine sind ganz schwer. (10 Sek.)
Meine Arme und meine Beine sind ganz schwer. (10 Sek.)
Meine Arme und meine Beine sind ganz schwer. (10 Sek.)
Meine Arme und meine Beine sind ganz schwer. (10 Sek.)

Sage dir nun noch ein paar Mal mit deiner inneren Stimme:
Meine Arme und meine Beine sind ganz schwer. (3–5 Min.)

Ich zähle gleich bis drei. Bei drei öffnest du deine Augen, atmest tief ein und aus und reckst und streckst dich wie eine Katze.
Du bist wieder ganz wach im Hier und Jetzt.
Eins *(leise)* – zwei *(etwas lauter)* – drei! *(laut)*

Recken und strecken Sie sich selbst mit.

Wichtig: Lassen Sie den Kindern noch Zeit, um das Gefühl der Entspannung zu genießen und wieder ganz im Hier und Jetzt anzukommen.

Fragen Sie die Kinder nach ihren Wahrnehmungen während der Übung.

Führen Sie unbedingt die folgenden Übungen gemeinsam mit den Kindern im Stehen durch (ausführliche Anleitung S. 18):

1. Hände reiben
2. Ohren kneten
3. Wachklopfen

3 Ruhe, Schwere und Wärme

Für das Üben im Sitzen am Tisch:

Lege deine Arme auf den Tisch und lege deinen Kopf auf deine Arme.

Für das Üben im Sitzen auf einem Stuhl:

Setze dich gerade auf deinen Stuhl, ohne die Lehne zu berühren. Deine Füße stehen etwas auseinander fest auf dem Boden. Lege deine Unterarme entspannt auf die Oberschenkel. Deine Hände hängen locker zwischen deinen Beinen. Atme tief ein und lasse beim Ausatmen deinen Oberkörper zusammensacken, bis du einen Widerstand in deinem Rücken spürst. Dein Kopf sinkt auf deine Brust.

Pause, bis alle in der Position sitzen und bis Ruhe eingekehrt ist.

Schließe Deine Augen.

Kinder, die ihre Augen nicht schließen wollen, fixieren einen Punkt. Ihre Augen sollen dabei jedoch halb geschlossen sein.

Sage dir mit deiner inneren Stimme den **ersten** Zauberspruch:
Geräusche und Gedanken sind hinter den Schranken. (8–10 Sek.)
Geräusche und Gedanken sind hinter den Schranken. (8–10 Sek.)
Ich bin ganz ruhig. (10 Sek.)
Ich bin ganz ruhig. (10 Sek.)
Ich bin ganz ruhig und entspannt. (10 Sek.)
(15–20 Sek.)
Nun sagst du dir mit deiner inneren Stimme den **zweiten** Zauberspruch:
Meine Arme und meine Beine sind ganz schwer. (10 Sek.)
Meine Arme und meine Beine sind ganz schwer. (10 Sek.)
Meine Arme und meine Beine sind ganz schwer. (10 Sek.)
Sage dir nun mit deiner inneren Stimme den **dritten** Zauberspruch:
Meine Arme sind ganz warm. (10 Sek.)
Und meine Beine sind ganz warm. (10 Sek.)
Meine Arme sind ganz warm. (10 Sek.)
Und meine Beine sind ganz warm. (10 Sek.)
Meine Arme und meine Beine sind ganz warm. (10 Sek.)
Meine Arme und meine Beine sind ganz warm. (10 Sek.)
Meine Arme und meine Beine sind ganz schwer und ganz warm. (10 Sek.)
Sage dir nun noch ein paar Mal mit deiner inneren Stimme:
Meine Arme und meine Beine sind ganz schwer und ganz warm. (3–5 Min.)

Ich zähle gleich bis drei. Bei drei öffnest du deine Augen, atmest tief ein und aus und reckst und streckst dich wie eine Katze.
Du bist wieder ganz wach im Hier und Jetzt.
Eins *(leise)* – zwei *(etwas lauter)* – drei! *(laut)*

Recken und strecken Sie sich selbst mit.

Wichtig: Lassen Sie den Kindern noch Zeit, um das Gefühl der Entspannung zu genießen und wieder ganz im Hier und Jetzt anzukommen.

Fragen Sie die Kinder nach ihren Wahrnehmungen während der Übung.

Führen Sie unbedingt die folgenden Übungen gemeinsam mit den Kindern im Stehen durch (ausführliche Anleitung S. 18):

1. Hände reiben
2. Ohren kneten
3. Wachklopfen

4 Ruhe, Schwere, Wärme und Atmung

Für das Üben im Sitzen am Tisch:

Lege deine Arme auf den Tisch und lege deinen Kopf auf deine Arme.

Für das Üben im Sitzen auf einem Stuhl:

Setze dich gerade auf deinen Stuhl, ohne die Lehne zu berühren. Deine Füße stehen etwas auseinander fest auf dem Boden. Lege deine Unterarme entspannt auf die Oberschenkel. Deine Hände hängen locker zwischen deinen Beinen. Atme tief ein und lasse beim Ausatmen deinen Oberkörper zusammensacken, bis du einen Widerstand in deinem Rücken spürst. Dein Kopf sinkt auf deine Brust.

Pause, bis alle in der Position sitzen und bis Ruhe eingekehrt ist.

Schließe Deine Augen.

Kinder, die ihre Augen nicht schließen wollen, fixieren einen Punkt. Ihre Augen sollen dabei jedoch halb geschlossen sein.

Sage dir mit deiner inneren Stimme den **ersten** Zauberspruch:
Geräusche und Gedanken sind hinter den Schranken. (4–5 Sek.)
Geräusche und Gedanken sind hinter den Schranken. (4–5 Sek.)
Ich bin ganz ruhig. (10 Sek.)
Ich bin ganz ruhig. (10 Sek.)
Ich bin ganz ruhig und entspannt. (15–20 Sek.)
Nun sagst du dir mit deiner inneren Stimme den **zweiten** Zauberspruch:
Meine Arme und meine Beine sind ganz schwer. (10 Sek.)
Meine Arme und meine Beine sind ganz schwer. (10 Sek.)
Meine Arme und meine Beine sind ganz schwer. (10 Sek.)
Sage dir nun mit deiner inneren Stimme den **dritten** Zauberspruch:
Meine Arme und meine Beine sind ganz warm. (10 Sek.)
Meine Arme und meine Beine sind ganz warm. (10 Sek.)
Meine Arme und meine Beine sind ganz schwer und ganz warm. (10 Sek.)
Nun sagst du mit deiner inneren Stimme den **vierten** Zauberspruch:
Mein Atem geht ruhig und gleichmäßig. (10 Sek.)
Mein Atem geht ruhig und gleichmäßig. (10 Sek.)
Mein Atem geht ruhig und gleichmäßig. (10 Sek.)
Sage dir nun noch ein paar Mal mit deiner inneren Stimme:
Mein Atem geht ruhig und gleichmäßig. (3–5 Min.)

Ich zähle gleich bis drei. Bei drei öffnest du deine Augen, atmest tief ein und aus und reckst und streckst dich wie eine Katze.
Du bist wieder ganz wach im Hier und Jetzt.
Eins *(leise)* – zwei *(etwas lauter)* – drei! *(laut)*

Recken und strecken Sie sich selbst mit.

Wichtig: Lassen Sie den Kindern noch Zeit, um das Gefühl der Entspannung zu genießen und wieder ganz im Hier und Jetzt anzukommen.

Fragen Sie die Kinder nach ihren Wahrnehmungen während der Übung.

Führen Sie unbedingt die folgenden Übungen gemeinsam mit den Kindern im Stehen durch (ausführliche Anleitung S. 18):

1. Hände reiben
2. Ohren kneten
3. Wachklopfen

5 Ruhe, Schwere, Wärme, Atmung und Bauch

Für das Üben im Sitzen am Tisch:

Lege deine Arme auf den Tisch und lege deinen Kopf auf deine Arme.

Für das Üben im Sitzen auf einem Stuhl:

Setze dich gerade auf deinen Stuhl, ohne die Lehne zu berühren. Deine Füße stehen etwas auseinander fest auf dem Boden. Lege deine Unterarme entspannt auf die Oberschenkel. Deine Hände hängen locker zwischen deinen Beinen. Atme tief ein und lasse beim Ausatmen deinen Oberkörper zusammensacken, bis du einen Widerstand in deinem Rücken spürst. Dein Kopf sinkt auf deine Brust.

Pause, bis alle in der Position sitzen und bis Ruhe eingekehrt ist.

Schließe Deine Augen.

Kinder, die ihre Augen nicht schließen wollen, fixieren einen Punkt. Ihre Augen sollen dabei jedoch halb geschlossen sein.

Sage dir mit deiner inneren Stimme den **ersten** Zauberspruch:
Geräusche und Gedanken sind hinter den Schranken. (4–5 Sek.)
Geräusche und Gedanken sind hinter den Schranken. (4–5 Sek.)
Ich bin ganz ruhig. (10 Sek.)
Ich bin ganz ruhig und entspannt. (10–15 Sek.)
Nun sagst du dir mit deiner inneren Stimme den **zweiten** Zauberspruch:
Meine Arme und meine Beine sind ganz schwer. (10 Sek.)
Meine Arme und meine Beine sind ganz schwer. (10 Sek.)
Sage dir nun mit deiner inneren Stimme den **dritten** Zauberspruch:
Meine Arme und meine Beine sind ganz warm. (10 Sek.)
Meine Arme und meine Beine sind ganz warm. (10 Sek.)
Meine Arme und meine Beine sind ganz schwer und ganz warm. (10 Sek.)
Nun sagst du mit deiner inneren Stimme den **vierten** Zauberspruch:
Mein Atem geht ruhig und gleichmäßig. (10 Sek.)
Mein Atem geht ruhig und gleichmäßig. (10 Sek.)
Mein Atem geht ruhig und gleichmäßig. (10 Sek.)
Sage dir nun mit deiner inneren Stimme den **fünften** Zauberspruch:
Mein Bauch ist ganz warm, strömend warm. (10 Sek.)
Mein Bauch ist ganz warm, strömend warm. (10 Sek.)
Mein Bauch ist ganz warm, strömend warm. (10 Sek.)
Sage dir nun noch ein paar Mal mit deiner inneren Stimme:
Mein Bauch ist ganz warm, strömend warm. (3–5 Min.)

Ich zähle gleich bis drei. Bei drei öffnest du deine Augen, atmest tief ein und aus und reckst und streckst dich wie eine Katze.
Du bist wieder ganz wach im Hier und Jetzt.
Eins *(leise)* – zwei *(etwas lauter)* – drei! *(laut)*

Recken und strecken Sie sich selbst mit.

Wichtig: Lassen Sie den Kindern noch Zeit, um das Gefühl der Entspannung zu genießen und wieder ganz im Hier und Jetzt anzukommen.

Fragen Sie die Kinder nach ihren Wahrnehmungen während der Übung.

Führen Sie unbedingt die folgenden Übungen gemeinsam mit den Kindern im Stehen durch (ausführliche Anleitung S. 18):

1. Hände reiben
2. Ohren kneten
3. Wachklopfen

6 Ruhe, Schwere, Wärme, Atmung, Bauch und Stirn

Für das Üben im Sitzen am Tisch:

Lege deine Arme auf den Tisch und lege deinen Kopf auf deine Arme.

Für das Üben im Sitzen auf einem Stuhl:

Setze dich gerade auf deinen Stuhl, ohne die Lehne zu berühren. Deine Füße stehen etwas auseinander fest auf dem Boden. Lege deine Unterarme entspannt auf die Oberschenkel. Deine Hände hängen locker zwischen deinen Beinen. Atme tief ein und lasse beim Ausatmen deinen Oberkörper zusammensacken, bis du einen Widerstand in deinem Rücken spürst. Dein Kopf sinkt auf deine Brust.

Pause, bis alle in der Position sitzen und bis Ruhe eingekehrt ist.

Schließe Deine Augen.

Kinder, die ihre Augen nicht schließen wollen, fixieren einen Punkt. Ihre Augen sollen dabei jedoch halb geschlossen sein.

Sage dir mit deiner inneren Stimme den **ersten** Zauberspruch:
Geräusche und Gedanken sind hinter den Schranken. (4–5 Sek.)
Geräusche und Gedanken sind hinter den Schranken. (4–5 Sek.)
Ich bin ganz ruhig. (10 Sek.)
Ich bin ganz ruhig und entspannt. (10–15 Sek.)
Nun sagst du dir mit deiner inneren Stimme den **zweiten** Zauberspruch:
Meine Arme und meine Beine sind ganz schwer. (10 Sek.)
Meine Arme und meine Beine sind ganz schwer. (10 Sek.)
Sage dir nun mit deiner inneren Stimme den **dritten** Zauberspruch:
Meine Arme und meine Beine sind ganz warm. (10 Sek.)
Meine Arme und meine Beine sind ganz warm. (10 Sek.)
Meine Arme und meine Beine sind ganz schwer und ganz warm. (10 Sek.)
Nun sagst du mit deiner inneren Stimme den **vierten** Zauberspruch:
Mein Atem geht ruhig und gleichmäßig. (10 Sek.)
Mein Atem geht ruhig und gleichmäßig. (10 Sek.)
Mein Atem geht ruhig und gleichmäßig. (10 Sek.)
Sage dir nun mit deiner inneren Stimme den **fünften** Zauberspruch:
Mein Bauch ist ganz warm, strömend warm. (10 Sek.)
Mein Bauch ist ganz warm, strömend warm. (10 Sek.)
Mein Bauch ist ganz warm, strömend warm. (10 Sek.)
Nun sagst du dir mit deiner inneren Stimme den **sechsten** Zauberspruch
Meine Stirn ist angenehm kühl. (10 Sek.)
Meine Stirn ist angenehm kühl. (10 Sek.)
Meine Stirn ist angenehm kühl. (10 Sek.)
Sage dir nun noch ein paar Mal mit deiner inneren Stimme:
Meine Stirn ist angenehm kühl. (3–5 Min.)

Ich zähle gleich bis drei. Bei drei öffnest du deine Augen, atmest tief ein und aus und reckst und streckst dich wie eine Katze.
Du bist wieder ganz wach im Hier und Jetzt.
Eins *(leise)* – zwei *(etwas lauter)* – drei! *(laut)*

Recken und strecken Sie sich selbst mit.

Wichtig: Lassen Sie den Kindern noch Zeit, um das Gefühl der Entspannung zu genießen und wieder ganz im Hier und Jetzt anzukommen.

Fragen Sie die Kinder nach ihren Wahrnehmungen während der Übung.

Führen Sie unbedingt die folgenden Übungen gemeinsam mit den Kindern im Stehen durch (ausführliche Anleitung S. 18):

1. Hände reiben
2. Ohren kneten
3. Wachklopfen

Urkunden und Affirmations-kärtchen

Urkunde für

Herzlichen Glückwunsch!

Du hast am Kurs „Grundschulkinder entspannen mit Autogenem Training" erfolgreich teilgenommen und kennst nun alle Zaubersprüche. In den letzten Wochen hast du geübt und gelernt, wie du dich mit den Zaubersprüchen entspannen kannst. Dabei bist du einige Male in deinen Entspannungs-Garten gegangen und hast dich dort ein wenig aufgehalten und ausgeruht.

Wenn du auch weiterhin regelmäßig zu Hause übst, wirst du bald ein „Meister" der Entspannung sein. Damit du die Zaubersprüche nicht vergisst, habe ich sie dir noch einmal in der richtigen Reihenfolge aufgeschrieben:

1. **„Geräusche und Gedanken sind hinter den Schranken. Ich bin ganz ruhig."**
2. **„Meine Arme und meine Beine sind ganz schwer."**
3. **„Meine Arme und meine Beine sind ganz warm."**
4. **„Mein Atem geht ruhig und gleichmäßig."**
5. **„Mein Bauch ist ganz warm, strömend warm."**
6. **„Meine Stirn ist angenehm kühl."**

Ich habe mich gefreut, dass du im Kurs warst, und wünsche dir viel Spaß und Entspannung mit den Zaubersprüchen. Mach weiter so!

....

Datum Unterschrift

Urkunde für

Herzlichen Glückwunsch!

Du hast am Kurs „Grundschulkinder entspannen mit Autogenem Training“ erfolgreich teilgenommen und kennst nun alle Zaubersprüche. In den letzten Wochen hast du geübt und gelernt, wie du dich mit den Zaubersprüchen entspannen kannst. Dabei bist du einige Male in deinen Entspannungs-Garten gegangen und hast dich dort ein wenig aufgehalten und ausgeruht.

Wenn du auch weiterhin regelmäßig zu Hause übst, wirst du bald eine „Meisterin“ der Entspannung sein. Damit du die Zaubersprüche nicht vergisst, habe ich sie dir noch einmal in der richtigen Reihenfolge aufgeschrieben:

1. **„Geräusche und Gedanken sind hinter den Schranken. Ich bin ganz ruhig.“**
2. **„Meine Arme und meine Beine sind ganz schwer.“**
3. **„Meine Arme und meine Beine sind ganz warm.“**
4. **„Mein Atem geht ruhig und gleichmäßig.“**
5. **„Mein Bauch ist ganz warm, strömend warm.“**
6. **„Meine Stirn ist angenehm kühl.“**

Ich habe mich gefreut, dass du im Kurs warst, und wünsche dir viel Spaß und Entspannung mit den Zaubersprüchen. Mach weiter so!

....

Datum Unterschrift

Affirmationskärtchen

Mit Mut
geht's gut!

Entspannt und heiter
komme ich weiter!

Ruhig und still
geht's wie ich will!

Konzentriert geht's
wie geschmiert!

 © Verlag an der Ruhr | Autorin: Susanne Schaadt | ISBN 978-3-8346-3574-7 | www.verlagruhr.de

Affirmationskärtchen

Ruhig und klar
geht's wunderbar!

Ruhig und entspannt
geht alles
Hand in Hand!

In der Ruhe
liegt die Kraft,
mit der man alles
schafft.

Gelassen und heiter
komme ich weiter!

Affirmationskärtchen

Medientipps

Böpple, Gerlinde:
Das Anti-Stress-Buch für die Schule.
Verlag an der Ruhr, 2015.
ISBN 978-3-8346-2712-4

Draxler-Zenz, Tanja:
Achtsame Klangschalen-Spiele.
Ökotopia, 2016.
ISBN 978-3-8670-2358-0

Friebel, Volker:
Traumreisen für Kinder.
Ökotopia, 2013.
ISBN 978-3-8670-2225-5

Kaltwasser, Vera:
Achtsamkeit in der Schule.
Beltz, 2008.
ISBN 978-3-407-62631-8

Krowatschek, Dieter; Hengst, Uta:
Mit dem Zauberteppich unterwegs.
Borgmann Media, 2016.
ISBN 978-3-938187-12-8

Proßowsky, Petra:
Mit Yoga durch das Grundschuljahr.
Verlag an der Ruhr, 2014.
ISBN 978-3-8346-2506-9

Rögner-Schneider, Mirjam:
Entspannt durch den Frühling.
Ökotopia, 2011.
ISBN 978-3-8670-2145-6

Schaadt, Susanne; Paulsen, Rüdiger:
Zendoodles für Grundschulkinder.
Verlag an der Ruhr, 2016.
ISBN 978-3-8346-3211-1

Simma, Christoph:
77 Impulse für Achtsamkeit und Stille in der Grundschule.
Verlag an der Ruhr, 2014.
ISBN 978-3-8346-2472-7

Snel, Eline:
Stillsitzen wie ein Frosch. Kinderleichte Meditationen für Groß und Klein, mit CD.
Goldmann, 2013.
ISBN 978-3-442-22028-1

Stöhr-Mäschl, Doris; Reiser, Stephan:
Kleine Entspannungs-Rituale für Grundschulkinder, Audio-CD.
Verlag an der Ruhr, 2014.
ISBN 978-3-8346-2587-8